HANDBUCH DER ORIENTALISTIK

ERSTE ABTEILUNG

BAND IV, ABSCHNITT 3

HANDBUCH DER ORIENTALISTIK

Herausgegeben von B. Spuler
unter Mitarbeit von
H. Franke, J. Gonda, H. Hammitzsch, W. Helck,
J. E. van Lohuizen-de Leeuw und F. Vos

ERSTE ABTEILUNG

DER NAHE UND DER MITTLERE OSTEN

HERAUSGEGEBEN VON B. SPULER

BAND IV

IRANISTIK

DRITTER ABSCHNITT

TOCHARISCH

LEIDEN/KÖLN
E. J. BRILL
1971

TOCHARISCH

VON

WOLFGANG KRAUSE

PHOTOMECHANISCHER NACHDRUK
MIT ZUSÄTZEN UND BERICHTIGUNGEN

LEIDEN/KÖLN
E. J. BRILL
1971

PRINTED IN THE NETHERLANDS

INHALTSVERZEICHNIS

1. DIE QUELLEN

Im Jahre 1892 wurde von S. OLDENBURG in den *Zapiski Imp. Ruskago Archeologičeskago Obščestva* Bd. VIII, S. 82 die Photographie eines in Kaschgar (im Westen von Chinesisch-Turkestan) von einem Eingeborenen gefundenen Papierblattes mit nordindischer Schrift und fremder Sprache aus der Sammlung des russischen Konsuls in Kaschgar, PETROVSKIJ, veröffentlicht, jedoch ohne einen Deutungsversuch. Das gleiche Blatt wurde ein Jahr später (1893) von HOERNLE am Schluss eines Aufsatzes über die Weber-Manuskripte (*JASB* 62, 39 f.) transkribiert und besprochen. Es gelang HOERNLE hier, einige Sanskritnamen zu erkennen.

Einen weiteren Schritt tat E. LEUMANN, der im Jahre 1900 in einer Abhandlung *Über eine von den unbekannten Literatursprachen Mittelasiens* in den *Mém. de l'Acad. Imp. des Sciences de St.-Pétersbourg* VIII. sér., tome IV, Nr. 8, jenes erste Blatt zusammen mit einem inzwischen ebenfalls in der Sammlung-Petrovski gefundenen zweiten Blatt herausgab und besprach. Es gelang LEUMANN, eine leidliche Umschrift des Textes zu geben, ohne freilich die darin erscheinende Sprache, abgesehen von den Sanskritnamen, zu verstehen oder irgendwie näher zu bestimmen. Die spätere Forschung lehrte, dass es sich bei diesen beiden Blättern (Pe 1 und 2) um Fragmente der Übersetzung eines Buddhastotra (Hymnus auf Buddha) handelt.

In das Dunkel dieser ersten Funde brachten dann Ausgrabungen in Ost- (oder Chinesisch-) Turkestan Licht, die durch Expeditionen verschiedener Länder (Deutschland, Frankreich, England, Russland, Japan) vorgenommen wurden. In den zu buddhistischen Klosterräumen ausgebauten Höhlen am Südhang des Tienschan- (Himmels-) Gebirges innerhalb des nordwärts offenen Tarimbeckens fand man eindrucksvolle Zeugen einer frühmittelalterlichen buddhistischen Kultur in zentralasiatischer Prägung. Besonders ergebnisreich waren die 4 Preussischen Turfan-Expeditionen (1.Nov. 1902—März 1903 im Gebiet von Turfan, 2. Nov. 1904—Dez. 1905 Turfan und Qomul, 3. Dez. 1905—Apr. 1907 Kutscha, Qaraschahr, Turfan und Qomul, 4. Juni 1913—Febr. 1914 Kutscha und Maralbaschi) in dies Gebiet. Ausser grossen und unter dem eingesickerten Wüstensand gut erhaltenen Wandgemälden und Kleinplastiken kamen in jenen Höhlen zahlreiche Bruchstücke von Handschriften in vielerlei Schriften und Sprachen zu Tage. Alle diese Funde gelangten in das Berliner Völkerkundemuseum.

Während die Deutschen hauptsächlich in den nordöstlichen Teilen des Tarimbeckens, nämlich im Gebiet von Turfan und Qaraschahr (südwestl. von Turfan) sowie in der weiteren Umgebung von Kutscha (im Südwesten von Qaraschahr) gearbeitet hatten, war von den Franzosen in Kutscha selbst gegraben worden. Die hier gefundenen Manuskripte kamen in die Pariser Nationalbibliothek. Die ebenfalls recht zahlreichen, aber meist wenig umfangreichen Fragmente der Sammlung-Hoernle werden in London aufbewahrt. Unter den japanischen Stücken sind vor allem einige Blätter im Besitz des Grafen OTANI zu erwähnen.

Ein Teil aller dieser Handschriften war in sogenanntem „Slanting", einer speziell zentralasiatischen Modifikation der nordwestindischen Brāhmī-Schrift, geschrieben, wie schon HOERNLE, *JASB* 62 (1893), S. 4 ff. und 70 (1901), II, Extranummer 1, 11 ff. erkannt hatte.

In Berlin arbeiteten nun vor allem der Turkologe F. W. K. MÜLLER und der Sanskritist E. SIEG an der Entzifferung und Deutung der in einer bis dahin unbekannten Sprache verfassten Manuskripte. Im Jahre 1907 veröffentlichte MÜLLER in den Berliner Sitzungsberichten einen kurzen Aufsatz *Beitrag zur genaueren Bestimmung der unbekannten Sprachen Mittelasiens*. Er nahm an — wie schon kurz zuvor A. v. LE COQ vermutet hatte —, dass es sich hierbei um eine indogermanische Sprache handelte. Im übrigen hob er einen Kolophon zu der uigurischen Übersetzung des (uns im Original verlorenen) Sanskritwerkes „Maitreyasamiti" hervor, wonach dies Werk aus dem Indischen in das Toχrī und von dort in das Türkische übersetzt war.

Den entscheidenden Schritt jedoch taten E. SIEG und W. SIEGLING mit ihrer berühmten Abhandlung *Tocharisch, die Sprache der Indoskythen, vorläufige Bemerkungen über eine bisher unbekannte indogermanische Literatursprache*, *SBAW* 1908, S. 915 ff. (neugedruckt 1916). Hierin wiesen die beiden Gelehrten nicht nur den indogermanischen Charakter jener Fremdsprache einwandfrei nach, sondern zeigten auch, dass diese östlichste aller indogermanischen Sprachen ersichtlich zur Kentum-Gruppe gehörte, und dass weiter diese Sprache in zwei Varianten (A und B) auftrat. In der Abhandlung wurde ein Stück aus der A-Übersetzung der Maitreyasamiti veröffentlicht und erläutert. Auf Grund jenes von MÜLLER ein Jahr zuvor bekanntgegebenen uigurischen Kolophons gaben SIEG und SIEGLING der fremden Sprache den Namen „Tocharisch". Sie verknüpften, wiederum im Anschluss an MÜLLER, jenes uigur. Wort Toχrī mit dem Namen der im Altertum in Baktrien bezeugten Tocharer (gr. Τόχαροι, skt. *Tukhāra*), und da diese Tocharer Baktriens anscheinend ein skythisch-iranisches Volk waren, bezeichneten die beiden Gelehrten das „Tocharische" als die Sprache der Indoskythen. Der Name „Tocharisch" ist bis heute im allgemeinen und trotz heftigen Widerspruchs von verschiedenen Seiten beibehalten worden; vgl. darüber im folgenden unter II.

Von nun an arbeiteten neben den Deutschen vor allem die Franzosen, insbesondere der Orientalist S. LÉVI mit Unterstützung des Indogermanisten A. MEILLET, eifrig an der weiteren Erschliessung der neuentdeckten Sprache. So vermehrte LÉVI die Kenntnis dieser Sprache schon bald durch eine grosse Zahl von Textveröffentlichungen. Besonders hervorgehoben sei seine Abhandlung in *JA* 1913, 311 ff., in der er u.a. eine Reihe von Karawanenpässen (im Dialekt B) veröffentlichte, und schliesslich die zusammenfassende Textausgabe *Fragments de textes koutchéens* (Paris 1933). Dazu lieferte J. FILLIOZAT eine Fortsetzung *Fragments de textes koutchéens de médecine et de magie* (Paris 1948).

Die Berliner A-Texte wurden von SIEG und SIEGLING unter dem Titel *Tocharische Sprachreste* (*Text- und Tafelband*), Berlin 1921, veröffentlicht. Übersetzungen ausgewählter Stücke dieser Sammlung legte SIEG vor unter dem Titel *Übersetzungen aus dem Tocharischen* (I: *ABAW* Jahrg. 1943, phil.-hist. Kl. Nr. 16; II: *ADAW* Jahrg. 1951 Nr. 1).

Auch für die Berliner B-Texte, die an Umfang die A-Texte noch übertreffen, bereiteten SIEG und SIEGLING eine Gesamtausgabe vor. Jedoch erschien deren erstes Heft *Tocharische Sprachreste, Sprache B. Heft* 1 *Die Udānālaṅkāra-Fragmente, Text, Übersetzung und Glossar*, Göttingen 1949, erst nach dem Tod von W. SIEGLING (1946), und auch E. SIEG († 1951) erlebte nicht mehr das zweite und abschliessende Heft, das er freilich nahezu druckfertig hinterlassen hatte, und das nunmehr von seinem Schüler W. THOMAS herausgegeben worden ist (1953).

Einzelne B-Texte hatte SIEG bereits gesondert mit Übersetzungen veröffentlicht: *Die Speisung des Bodhisattva vor der Erleuchtung* (*Asia Major*, Bd. 2, 1925, S. 277 ff.); *Udānavarga-Übersetzungen in „kucischer" Sprache aus den Sammlungen des India Office in London* (*BSOS* 6, 1931, S. 483 ff.); *Geschäftliche Aufzeichnungen in Tocharisch B aus der Berliner Sammlung* (*Misc. Acad. Berolin.* 1950, S. 208 ff.).

So stattlich nun auch die Gesamtmenge der tocharischen Texte beider Dialekte sein mag, so enthalten diese Texte doch zwei Nachteile für die Forschung: Es handelt sich dabei einmal eben um Fragmente, und zwar überwiegend von einzelnen Blättern. Ein Glücksfall war es, dass innerhalb der A-Fragmente 25 Blätter unmittelbar aneinander passten und zudem keine grösseren Lücken aufwiesen (A 1-25).

Der zweite Nachteil besteht darin, dass es sich bei den uns bekannten tocharischen Texten fast ausschliesslich um ziemlich wort- und stilgetreue Übersetzungen buddhistischer Sanskrittexte handelt. An original tocharischen Texten kennen wir nur eine grössere Anzahl von Klosterrechnungen im Dialekt B (vgl. darüber die oben genannte Abhandlung von SIEG, *MAB* 1950), vier Geschäftsbriefe (davon drei nur trümmerhaft erhalten) ebenfalls im Dialekt B (vgl. W. KRAUSE, Word Bd. 4, 1948, S. 49), das Mittelstück eines Liebesgedichts (hgg. von W. THOMAS, *KZ* 71, S. 78 ff.), eine grössere Anzahl von Schreiberzusätzen zu Texten beider Dialekte, einige wenige Wand- und Bildinschriften im Dialekt B und schliesslich einige Karawanenpässe auf Holztafeln, meist in mehr oder minder fragmentarischem Zustand, wiederum in B (vgl. S. LÉVI, *JA* 1913, S. 311 ff.; W. KRAUSE, *Ural-Alt. JB.* 1953, S. 16 f.).

Auf diese Weise erfahren wir nur sehr wenig von der Kultur und der Lebensweise der Menschen, die „tocharisch" sprachen. Dass sie einst vor der Übernahme des Buddhismus Feuerverehrer waren, wird durch den Beginn des einen Geschäftsbriefes nahegelegt: ***Śilarakite Āryawarmeṃ — tsamoy puwarsa — prekṣäṃ*** „Śīlarakṣita bittet den Āryavarman — möge er durch Feuer wachsen! —".

Soweit wir durch jene wenigen originalen Texte Eigennamen kennenlernen, zeigt es sich, dass die Geistlichen und die höheren Klosterangestellten Sanskritnamen führten, die aber teilweise erst an die Stelle älterer Namen getreten waren. So heisst z.B. in einer Klosterrechnung ein Gartenaufseher ***Dharmarakṣita***, unterschreibt aber mit dem chinesischen Zeichen für ***kim*** „Gold". Leute niederen Standes führten teilweise echt tocharische Namen, z.B. ***Lariśka*** f. „Liebchen", ***Wrauśke*** m. „Räblein" (?), zum Teil wurde der Namenskern ins Sanskrit übersetzt, während das echt tocharische Suffix blieb. So findet sich neben dem voll tochar. ***Lariśka*** der Name ***Priśka*** (zu skt. ***priya*** „lieb"). Schliesslich kommen auch solche Namen vor, die einem uns sonst unbekannten, vortocharischen und jedenfalls nichtindogermanischen Idiom anzugehören scheinen, z.B. ein Frauenname ***Tsyohkña***, an dem nur das Femininsuffix ***-ña*** gut tocharisch ist. Vgl. zu den Eigennamen W. KRAUSE, *Ural-Altaische Jahrb.* 1953, S. 11 ff.).

Zur Zeitstellung der tocharischen Texte sei nur bemerkt, dass die uns vorliegenden Handschriften dem Schriftduktus nach dem Zeitraum von etwa 500-700 n. Chr. angehören; jedoch scheint aus historischen Gründen (Uigurenherrschaft) ein Hineinreichen bis weit ins 8. Jh. hinab möglich.

Anm. Eine sehr reichhaltige Bibliographie bieten E. SCHWENTNER, Tocharische Bibliographie 1890-1958, Berlin 1959, und W. KRAUSE — W. THOMAS, Tocharisches Elementarbuch I, Heidelberg 1960, S. 21-32. Eine fortlaufende Berichterstattung über alle auf dem Gebiet des Tocharischen erscheinenden Veröffentlichungen gibt W. THOMAS in der „Indogermanischen Chronik" (IC) in *Die Sprache* III (1967) ff.

II. ZUM NAMEN „TOCHARISCH"

Als man unter den vielen Manuskripten aus Ostturkestan solche entdeckte, die in einer bisher unbekannten indogermanischen Sprache verfasst waren, fragte man sich begreiflicherweise, wie diese neu entdeckte Sprache zu benennen sei. Schon F. W. K. MÜLLER hatte in dem oben (unter I) erwähnten Aufsatz vom Jahre 1907 auf einen uigurischen (alttürkischen) Kolophon aufmerksam gemacht, in dem es heisst: „Das heilige Buch Maitrisimit, welches von dem in Il Balïq geborenen Prajñārakṣita kši ačari aus der toχarischen Sprache in das Türkische übersetzt worden ist, und welches aus der indischen Sprache in das Tocharische übertragen worden ist von dem im Reiche Nakridiš (Nagaradeśa) geborenen Āryacandra bodisattva kši ācārya...." (vgl. MÜLLER und SIEG, *Maitrisimit und „Tocharisch"* = *SBAW* 1916, S. 416). Da wir nun von der im Sanskritoriginal verlorenen Maitreyasamiti auch Fragmente einer tocharischen Übersetzung (Dialekt A) besitzen, und da sich in jener uigurischen Übersetzung Lehnwörter aus eben dieser Fremdsprache finden (z.B. uig. *kši* = A und B *käṣṣi* „Lehrer"), glaubten die deutschen Gelehrten sich berechtigt, der Fremdsprache den Namen „Tocharisch" zu verleihen.

Diese Benennung führte aber zu gewissen ethnographischen Schwierigkeiten: Jene Bezeichnung *toχrï* des uigurischen Kolophons verknüpfte man etymologisch mit dem Namen der Τόχαροι = skt. *Tukhāra*, chines. Tuholo. Aber dies Volk wohnte im Altertum in der Gegend von Baktrien, am Oxus und Jaxartes, und war vielleicht ein iranisches Volk. Jene fremdsprachlichen Manuskripte waren aber nicht nur weit von Baktrien entfernt eben in Ostturkestan gefunden, sondern auch in einer Sprache verfasst, die zwar auch indogermanisch war, aber nicht — wie das Iranische — zur Satem-Gruppe gehörte, sondern eine Kentum-Sprache war (vgl. unter IV).

So blieb es nicht aus, dass man von verschiedenen Seiten gegen die Bezeichnung „Tocharisch" für die neu entdeckte indogermanische Fremdsprache Einspruch erhob. Es sei hier auf die beiden Aufsätze von S. LÉVI, *JA* 1913, S. 311 ff.; ebd. 1933, S. 1 ff. verwiesen. Vor allem aber wies W. B. HENNING in einem Aufsatz „Argi and the „Tokharians" (*BSOS* Bd. 9, 1938, S. 545 ff.) nach, dass der Name *twγry* in den uigurischen

Kolophonen für das Land um Bišbaliq-Qarašahr etymologisch von dem Namen der baktrischen *Toch(w)arer* völlig zu trennen sei, sodass allein schon aus diesem Grunde die Bezeichnung „Tocharisch" für die zentralasiatische indogermanische Kentum-Sprache verfehlt erscheint. Die gleiche Ansicht wiederholt HENNING in dem Aufsatz *The name of the Tokharian language* (*Asia Major*, new ser. vol. 1, 1949, S. 158 ff.). Hier verbessert HENNING auch die Lesung jenes so entscheidenden uigurischen Kolophons: Statt *nakridiš* ist (nach HENNING) *"knydyš* = *Agnideśa* zu lesen, sodass also der Übersetzer der Maitreyasamiti vom Sanskrit in die Fremdsprache nicht aus Nagaradeśa (in der Gegend von Kabul), sondern aus Agnideśa, also dem Reich um Qarašahr, stammte.

E. SIEG hatte ferner die Bezeichnung „Tocharisch" früher nur für den Dialekt A gelten lassen wollen, weil die Übersetzung der Maitreyasamiti eben nur in A vorliegt. Für B verzichtete er völlig auf einen Namen.

Überhaupt war es schwierig, das gegenseitige Verhältnis der Dialekte A und B genauer zu bestimmen: Während sich nämlich A-Handschriften ausschliesslich im nordöstlichen Teil des Tarimbeckens, also im Gebiet von Turfan und Qarašahr, fanden, sind Handschriften im Dialekt B im gesamten Bereich gefunden worden, sowohl im Gebiet von Turfan und Qarašahr wie im Südwesten, in und um Kučā.

Diesen Tatbestand deutete SIEG unter dem Einfluss seiner Tocharer-Theorie so, dass nur der Dialekt B die Landessprache im gesamten Tarimbecken gewesen sei, während der Dialekt A, eben das Tocharische, von Ostiran her mit der buddhistischen Mission nach Ostturkestan vorgedrungen sei.

Zudem glaubten SIEG und SIEGLING (*SBAW* 1918, S. 560 ff.), in den A-Hss. selbst einen einheimischen Namen für die Sprache und das Land des Dialektes A gefunden zu haben, nämlich *ārśi*, vor allem in den Verbindungen *ārśi käntu* „A.-Zunge", *ārśi ype* „A.-Reich" sowie in dem Gen.Pl. *ārśiśśi* „der A.-Leute". Diese Auffassung wurde durch den Hinweis von H. H. SCHAEDER (bei SIEG, *SBAW* 1937, S. 136 f.) auf die *toquz ärsin* „die neun Ärsin" in einer Orchon-Inschrift vom J. 735 verstärkt, wenngleich noch immer manches dunkel bleibt. Freilich stösst die Auffassung von H. W. BAILEY, *Ttaugara* (*BSOS* VIII, 1936) S. 906 ff. und später in *Recent work in Tokharian* (*Transact. of the Philolog. Soc.* 1947, S. 126 ff.) von *ārśi* als einer Prakritform zu skt. *ārya* auf sachliche Bedenken.

Die ältere Ansicht SIEGS (*Tochar. Sprachreste*, 1921, S. V), dass der Dialekt A nur als Missionssprache nach Ostturkestan gelangt sei, wurde vor allem von S. LÉVI in der oben genannten Abhandlung *JA* 1913 sowie von H. LÜDERS, *Zur Geschichte und Geographie Ostturkestans* (*SBAW* 1922, S. 243 ff.), *Weitere Beiträge zur Gesch. u. Geogr. Ostturkestans* (*SBAW* 1930, S. 7 ff.) und von BAILEY, *Ttaugara* (*BSOS* VIII, 1936, S. 903) bestritten: Diese Gelehrten stellten fest, dass der Dialekt A die einheimische Sprache von Qarašahr, der Dialekt B die von Kučā sei. So hatte LÉVI für A die Bezeichnung „Karacharien", für B „Kouchéen" vorgeschlagen. SIEG selbst hatte in einem Aufsatz *Und dennoch Tocharisch* (*SBAW* 1937, S. 130 ff.) die alte Ansicht daraufhin aufgegeben, aber die Bezeichnung „Tocharisch" nunmehr auf beide Dialekte ausgedehnt. Für diese Ansicht spricht ein neuer Fund aus der Sammlung PETROVSKI (Pe 12), der das Fragment eines sanskrit-tocharischen Gesprächsbüchleins enthält, worin dem indischen Namen *tokharika* ein Wort *k͡ucaññe*..., also offenbar „kučisch", entspricht. Die hierbei überlieferten Wörter gehören dem Dialekt B an.

Bei all dem erscheint es aus rein praktischen Erwägungen doch statthaft, die nun einmal allgemein eingebürgerte Bezeichnung „Tocharisch" für die Gesamtsprache beizubehalten, zumal sich die vielleicht richtigere Benennung „Tugrisch" o.ä. kaum durchsetzen wird. Wir müssen uns dabei nur bewusst sein, auf welchem Wege es zu dieser Bezeichnung gekommen ist. Für die Dialekte A und B hat W. KRAUSE, *Westtochar. Grammatik* I, S. IX die Namen „Osttocharisch" (A) und „Westtocharisch" (B) angewandt; sie verhalten sich dem Streit um die Ethnographie der Tocharer gegenüber völlig neutral, indem sie sich auf rein geographische Gegebenheiten beschränken.

Der oben erwähnte Umstand, dass B-Manuskripte nicht nur im Südwesten (um Kučā), sondern auch im Nordosten (um Qarašahr und Turfan) aufgetreten sind, lässt sich damit erklären, dass die Missionssprache zunächst nur der Dialekt B, das Westtocharische, war, dass also Übersetzungen der buddhistischen Schriften im westtocharischen Dialekt auch im Reiche Agni, d.h. im Gebiet des A-Dialekts, des Osttocharischen, verbreitet wurden. Später wurde jedoch auch das Osttocharische neben dem Westtocharischen zur Missionssprache erhoben.

Die A-Manuskripte sind im allgemeinen sehr sorgfältig und konsequent geschrieben; insbesondere scheint sich in Šorčuq (südwestl. von Qarašahr) ein Zentrum des Schreibwesens befunden zu haben. Es ist bezeichnend, dass auch die ebendort gefundenen B-Handschriften eine besondere Regelmässigkeit in der Rechtschreibung aufweisen, während die in und um Kučā gefundenen in der Schreibung ältere und jüngere Sprachformen wahllos miteinander mischen (vgl. W. KRAUSE, *Westtoch.Gramm.*, § 1).

Ungelöst ist die Frage, welches ethnische Substrat den Trägern des

„Tocharischen" (A und B) zugrundeliegt. G. HALOUN, (*ZDMG* 91 [1937], S. 252 ff.) weist auf die Wusun (Usun) hin, die zunächst zum J. 176 v. Chr. als ein den Hunnen tributpflichtiges Volk um den Barköl und nördlich von Turfan genannt werden. Chinesische Berichte über diese Wusun sagen aus, dass die Hu-Barbaren, „die grüne Augen und rote Haare haben", Reste der Wusun seien. Diese Beschreibung mag auf blaue Augen und blonde (oder rötliche) Haare deuten, und die Wandgemälde aus den Klosterhöhlen an den Südhängen des Tienschan-Gebirges stellen die vornehmen „Tocharer" im Gegensatz zu ihrer niederen Umgebung als hellhäutig, blondhaarig und blauäugig dar (wobei man freilich mit gewissen chemischen Veränderungen der gewählten Farben rechnen muss). Andrerseits beschreiben jene chinesischen Quellen die Wusun als ein ackerbauloses, nomadisierendes Hirtenvolk von der gleichen Zivilisation wie die Hsiungnu („Huṅnen"); vgl. W. EBERHARD, *Kultur und Siedlung der Randvölker Chinas* (Leiden 1942), S. 62 ff. So ist die Gleichsetzung der Wusun, die zudem einen hochasiatischen Namen tragen (alttürk. *usun* „Wasser", „Menge", „Volk"), höchst zweifelhaft. Die in den chinesischen Berichten vielfach erwähnten Yüetši aber, deren einer Teil im 2. Jh. v. Chr. mit den Wusun im Kampfe lag, und von denen Reste im Tarim-Becken zurückblieben, während der grössere Teil westwärts bis nach Baktrien wanderte, hat HALOUN (*a.a.O.*, S. 316) mit dem Namen der (iranischen) Skythen verknüpft.

III. DIE SPRACHE

Durch die unter I genannten Handschriftenreste ist uns die tocharische Sprache in ihren beiden Dialekten A und B (Ost- bzw. Westtocharisch) so weit bekannt, dass wir ein ziemlich genaues Bild von ihrem Bau und ihrer Eigenart zu zeichnen vermögen.

Das Gesamttocharische ist bisher noch nicht dem Stand der heutigen Forschung entsprechend dargestellt worden. Auf unzureichendem Material aufgebaut ist H. Pedersen, *Tocharisch vom Gesichtspunkt der indoeuropäischen Sprachvergleichung* (= *Det Kgl. Danske Videnskabernes Selskab, hist.-fil. meddel.* XXVIII, 1, Kopenhagen 1941). Auf breiterer Grundlage beruht die knappe Skizze durch W. Couvreur, *Hoofdzaken van de Tochaarse Klank- en Vormleer* (Löwen 1947). Eine vollständige deskriptive Darstellung des A-Dialekts bieten Sieg, Siegling und Schulze, *Tocharische Grammatik* (Göttingen 1931).

Der B-Dialekt ist bearbeitet von W. Krause, *Westtocharische Grammatik*; bisher erschienen Bd. I, enthaltend das Verbum nebst einigen Teilen der Lautlehre (Heidelberg 1952). Eine kurze Zusammenstellung der wichtigsten Formen des westtocharischen Nomens und Pronomens gibt G. S. Lane, *Studies in Kuchean Grammar* I (Suppl. to the *Journal of the Amer. Orient. Society*, Nr. 13, 1952).

Zu Anfang des 20. Jhs. wurden nahezu gleichzeitig zwei bis dahin unbekannte indogermanische Sprachen Asiens neu entdeckt: Das Tocharische durch Sieg und Siegling (1908), das Hethitische durch Hrozný (1916). Während man aber den indogermanischen Charakter des Hethitischen längere Zeit bezweifelte, ja, auch heute noch nicht sicher ist, ob das Hethitische als eine Tochter- oder eine Schwestersprache des Urindogermanischen zu gelten hat, hegt niemand den geringsten Zweifel darüber, dass das sogenannte Tocharische (s. oben II) eine echte und rechte Schwester der altbekannten indogermanischen Einzelsprachen ist.

A. Die Etymologie

Man hat längst erkannt, dass etymologische Anklänge für sich noch nichts Entscheidendes über die historischen Beziehungen zweier oder mehrerer Sprachen untereinander aussagen, solange sie nicht durch eindeutige Übereinstimmungen grammatischer Art verstärkt werden. Schon anders ist es, wenn ganze Bedeutungsfelder miteinander kongruieren. Das gilt etwa für die Verwandtschaftsnamen, für die niederen Zahlwörter, für gewisse Pronomina und für die Bezeichnung einiger Körperteile.

An derartigen etymologischen Gleichungen hatten bereits Sieg und Siegling in ihrer Abhandlung vom Jahre 1908 den indogermanischen Charakter des Tocharischen erkannt:

A N. Obl. *pācar*, B N. *pācer* (Obl. *pātär*); A N. Obl. *mācar*, B *mācer* (Obl. *mātär*); A N. Obl. *pracar*, B N. *procer* (Obl. *protär*); A N. Obl. *ckācar*,

B *tkācer* (Obl. *tkātär*); A N. Obl. *ṣar*, B N. Obl. *ṣer* (< * *su̯esor-*); A N. Obl. *se*, B *soy* (idg. * *sui̯us*?); A N. Obl. *śäṃ* B N. *śana* (Obl. *śano*) „Ehefrau" (idg. * *gᵘenā*).

Zahlwörter (die B-Form in Klammern): 1 *sas* m., *säṃ* f., *ṣom* Obl. m. f. [*ṣe* m., *somo* f., *ṣeme* Obl. m., *somo*, *sanai* Obl. f.] (verwandt mit idg. **sems*); 2 *wu* m., *we* f. [*wi* m.f.] (St. idg. **du̯o-*); 3 *tre* m., *tri* f. [*trai* m., *tarya* f.]; 4 *śtwar* [*śtwer* m., *śtwāra* f.]; 5 *päñ* [*piś*]; 6 *ṣäk* [*ṣkas*]; 7 *ṣpät* [*ṣukt*]; 8 *okät* [*okt*]; 9 *ñu* [*ñu*]; 10 *śäk* [*śak*] (< **tsäk* < **tekm̥* < **dek'm̥*); 100 *känt* [*kante*]; 1000 *wälts* [*yaltse*] (idg. **u̯el-dho-* oder **u̯el-to-*; vgl. lit. *veldėti* „in Besitz nehmen", got. *waldan* „walten", lat. *valēre* „stark sein" sowie zur Bedeutung got. *þūsundi* „tausend", eigtl. „Kraft-hundert").

Auf dem Gebiet der Pronomina seien hier an deutlichen Übereinstimmungen mit anderen idg. Sprachen nur die folgenden genannt: A *tu*, B *twe* „du"; B *se* m., *sā* f., *te* n. „dieser" = idg. **so*, **sā*, **tod*; A *kus* (Obl. *kuc*), B *k͡ᵤse* (Obl. *k͡ᵤce*) „wer", „was".

Unter den Bezeichnungen für die Körperteile tragen viele ersichtlich indogermanisches Gepräge: B *āsta* N.Obl.Pl. „Knochen" = gr. ὀστέον; B *ṣmare* „Fett" = ahd. *smero*; B *mīsa* Pl.tant. „Fleisch" = got. *mims*; B *ṣñor* (Pl. *ṣñaura*) „Sehne" = lat. *nervus* usw.; A *ysār*, B *yasar* „Blut" = heth. ešḫar, gr. ἔαρ „Blut"; A *śpāl* „Kopf" = gr. κεφαλή; B *ānte* „Front", „Stirn", A *ānt* „Fläche" = aisl. *enni* (< vorgerm. **antio-*) „Stirn"; A *śanweṃ* Par. „Kinnbacken" = gr. γένυς; A *klots*, B *klautso* „Ohr", vgl. ai. *śrotra-*; A *ak*, B *ek* „Auge" = lat. *oculus*; A *pärwāṃ*, B *pärwāne* „Brauen" = ai. *bhrū-*; A *malañ*, B *meli* Pl. tant. „Nase", vgl. alb. *mal* „Berg"; A *lymeṃ*, B *lymine* Par. „Lippen" — lat. *labium*; A *kam*, B *keme* „Zahn" = ai. *jambha-*; A *käntu*, B *kantwo* „Zunge" = alat. *dingua* (BENVENISTE, *Hirt-Festschr.* II, S. 235 A. 1); B *kor* „Kehle" = lit. *gerklė*, arm. *kokord* „Kehle"; A *kñuk* „Hals" = mhd. *knock* „Nacken"; A *es*, B *āntse* „Schulter" = lat. *umerus*; A *poke*, B Obl. *pokai* „Arm" = ai. *bāhu*; A *tsar*, B *ṣar* „Hand" = heth. *ki-eš-šar* (= *kessar*) „Hand" (PEDERSEN, *Toch.*, S. 74); A *maku*, B *mekwa* „Nägel" (Fernassimilation < idg. **noghu̯o-*, vgl. lat. *unguis* usw.); A *päśśäṃ*, B *päścane*, *päśne* Par. „Brüste" = aw. *fštāna* „Brustwarze" (PEDERSEN, Toch., S. 74); A *kāts*, B *kātso* „Bauch", vgl. ai. *gāha-* „Tiefe", „das Innere"; B *kele* „Nabel" = gr. πόλος (v. WINDEKENS, *Le Muséon* LXII, 1949, S. 301); A *kanwe*, B *keni* „Knie" = lat. *genu*; A *pe*, B *paiyye* „Fuss" < idg. **pedi̯o-*; A *kukäṃ*, B *kukene* Par. „Fersen" = nhd. *Hacken*. Dem stehen einige Fälle gegenüber, die keine Etymologie aus dem indogermanischen Bereich zu gestatten scheinen, wie A *āriñc*, B *arañce* „Herz"; A *yats*, B *yetse* „(obere) Haut"; B *ewe* „(untere)

Haut"; A *prär*, B *präri* „Finger" u.a.; auch A *kapśañi*, B *kektseñe* „Körper" ist ohne sichere Etymologie. Vgl. dazu unter IV.

Anm. VAN WINDEKENS, *Lexique étymol. des Dialectes Tokhariens*, Löwen 1941 (noch auf unzureichendem Material gegründet). Eine annähernd vollständige Liste der tochar. Körperteilnamen stellt W. KRAUSE, *KZ* 69, S. 202 f. zusammen.

B. LAUTLEHRE

1. *Akzent*

Über den tocharischen Akzent lassen sich einstweilen nur sehr unsichere Angaben machen: Es scheint, dass der Wortakzent in den beiden Dialekten verschieden war: Im Westtocharischen deutet die Erscheinung der Vokalschwächung vermutlich an, dass in zweisilbigen Wörtern die erste, in dreisilbigen im allgemeinen die zweite Silbe den Hauptakzent trug. So z.B. *ā́ke* „Ende": Pl. *akénta*; *tā́ka* „er ist gewesen": 3.Pl. *takā́re*; *ā́keṃ* (< idg. **agont*) „sie führen": *akén-ne* „sie führen ihn"; *tárkär* „Wolke": Pl. *tärkárwa*; *nákṣäṃ* „vernichtet": *näkṣán-me* „v. sie"; *kánte* „hundert": Pl. *känténma*; *cáke* „Fluss": G. *ckéntse*; *cámel* „Geburt": Pl. *cméla*. Vgl. W. KRAUSE, *Westtoch. Gramm.* I, §§ 5-7.

Noch schwieriger ist die Beurteilung des osttocharischen Akzentes: Hier scheint in weiterem Umfang Anfangsbetonung zu herrschen. Daneben könnte eine Art von Vokalbalance auch auf wechselnden Akzent deuten: Man vergleiche im Bereich des osttochar. Verbs Wechselformen wie *tākaṣt* „du bist gewesen" (mit langem Vokal in der wurzel- und kurzem Vokal in der Endsilbe) neben *kälkāṣt* „du bist gegangen" (mit kurzem Vokal in der Wurzel- und langem Vokal in der Endsilbe); entsprechend in den Medialformen *kälpāt* „hat erlangt" neben *pēkat* „hat gemalt", *krōpat* „hat gesammelt".

Dass zumindest die westtocharische Akzentuation zur Zeit unserer Handschriften recht jung ist, geht daraus hervor, dass auch Lehnwörter aus dem Sanskrit jener Vokalschwächung unterliegen, z.B. westtoch. *ārth* (<skt. *artha-*) „Sinn": Pl. *arthanma*; *sāṅk* „saṅgha": G. *saṅkantse* u.dgl.

2. *Vokalismus*

Schon für das äussere Bild des Tocharischen ist der sogenannte Fremdvokal *ä* sehr kennzeichnend, der insbesondere im Osttocharischen überaus häufig auftritt, während er sich im Westtocharischen unter dem Akzent (s.o.) meist zu *a* entwickelt hat [1]).

[1]) Die von SIEG und SIEGLING gewählte Transkription *ä* beruht lediglich auf der Schreibweise des Tocharischen: Hier wird der Fremdvokal unter gewissen Bedingungen durch zwei Punkte über dem vokallosen Akṣara (also mit inhärierendem *a*) bezeichnet. Da nun *ä* in beiden Dialekten öfter mit *i* wechselt (*Westtoch. Gr.*, § 2), mag die wirkliche Aussprache des *ä* der des altslaw. ь geähnelt haben.

Das toch. *ä* war nur schwach artikuliert und wurde in offener Silbe — ähnlich wie die altslawischen Murmelvokale ъ und ь — meist synkopiert. So ergeben sich Verhältnisse wie A *śäṃ* [B *śana*] „Ehefrau": Pl. *śnu* [B *śnona*]; A *tämnäṣtär* „wird geboren": 3.Pl. *tmäṃsantär*; *pñi* „punya": G. *päññis*.

Der für das Indogermanische so charakteristische Ablaut zeigt sich auch im Tocharischen deutlich, insbesondere bei dem quantitativen Ablaut von Diphthongen, die im Westtochar. im allgemeinen noch als solche erhalten, im Osttochar. dagegen zu *ē* bzw. *ō* monophthongiert sind. Man nehme Ablautformen wie B *paikaṃ* „wird schreiben": Präs. *piṅkäṃ* (idg. Wz. *pei̯k'-:pik'-*); *tsaikaṃ* „wird bilden": *tsikalle* „fingendus" (idg. Wz. *dhei̯ǵh-*: *dhiǵh-*); B *kewu* „ich werde giessen": Med. *kutär* (idg. Wz. *ǵheu̯-:ǵhu-*); B *pautkau̥* „ich werde zuteilen": *puttaṅkäṃ* „teilt zu". Aber auch bei Monophthongen zeigt sich Ablaut, z.B. B N. *pācer* (<idg. **pətēr*): Obl. *pātär* (vgl. lat. *patrem*) „Vater"; A *śäl* (idg. **kele* oder **kelet*) „hat gebracht": 3.Pl. *kalar* (vortoch. **kolēro* ?); B *tsakṣäṃ* (vortoch. **dhegʷh-s-ent*) „verbrennt" (trans.): *tsekär* (vortoch. **dhogʷh-r̥* ?).

Auch verschiedene Arten von Umfärbung und Umlaut gibt es im Tocharischen, insbesondere im Osttocharischen, ohne dass alle diese Erscheinungen im einzelnen völlig geklärt sind. A *kukäl* (idg. **qʷeqʷlos*) „Wagen", A *kumnäṣ* [B *känmaṣṣäṃ*] „kommt" (idg. Wz. *gʷem-*); A *cmol* [B *camel*] „Geburt" mit Umlaut vielleicht nach Pl. *cmolu* [B *cmela*]; A *oṅk* [B *eṅkwe*] „Mann" u.dgl.

3. *Konsonantismus*

Vier Erscheinungen des Konsonantismus sind für das Tocharische bezeichnend:

a) Neben den gewöhnlichen, der nordwestindischen Brāhmī-Schrift entnommenen Konsonantenzeichen finden sich Fremdzeichen, die zu einzelnen gewöhnlichen Konsonanten in einem ganz bestimmten Verhältnis stehen: Dies Verhältnis wird dadurch angezeigt, dass gelegentlich anstelle des Fremdzeichens (ohne Vokalzusatz) ein gewöhnliches Konsonantenzeichen mit zwei Punkten darüber geschrieben wird (vgl. oben S. 11, Anm. 1), d.h. also, dass das Fremdzeichen vor dem Fremdvokal *ä* steht. So gibt es *c*(*a*) neben *c*(*ä*), *k*(*a*) neben *k*(*ä*) usw. Möglicherweise bezeichnet das Fremdzeichen nur eine wenig modifizierte Aussprache des gewöhnlichen Konsonanten vor *ä* [1]).

b) Ein häufiger Laut ist die Verbindung *ts*, die phonologisch als ein-

---

[1]) Nur ganz ausnahmsweise wird ein solcher Fremdkonsonant mit einem anderen Vokalzeichen verbunden.

facher Konsonant behandelt wird. Sie scheint unter noch unbekannten Bedingungen aus älterem *t* hervorgegangen zu sein, das seinerseits aus idg. *t, d, dh* entstanden sein konnte (s. unter d): A *pats* [B *petso*] (idg. *potis) „Gatte"; Infinitivendung AB *-tsi* (vgl. slaw. *-ti*); B *tsākaṃ* „wird beissen" (gr. δάκνω „beisse", idg. Wz. *dəḱ*- oder *dn̥̥ḱ*-); B *tsaksau* „verbrenne" (trans.) (idg. Wz. *dheg*^{u}*h*-).

c) Die meisten Konsonanten können (wohl ursprünglich vor hellem Vokal) erweicht werden, und zwar sind die dadurch bewirkten erweichten Laute in beiden Dialekten grösstenteils die gleichen. So werden *k* zu *ś* (A *śäl* „hat gebracht": Pl. *kalar*); *t* zu *c* (B N. *pācer*: Obl. *pātär* „Vater"); *n* zu *ñ* (AB *ñu* „neun" <idg. *neu̯n̥); *l* zu *ly* (B *lamatsi* „sitzen": *lyama* „er nahm Platz"); *s* zu *ṣ* (A *sas*: B *ṣe* „eins"). — *ts* scheint zunächst in beiden Dialekten zu *ś* erweicht worden zu sein (A *śäk*, B *śak* „zehn" mit *ś*- <*ts*-<*t*-<*d*-), aber später im Westtochar. die Erweichungsmöglichkeit aufgegeben zu haben (A *klośäṃ*: B *klautsane* Par. „Ohren", A *kapśañi*: B *kektseñe* „Körper", A *śalpatär*: B *tsälpetär* „wird erlöst"). — Andrerseits findet die Erweichung von *w* zu *y* nur im Westtochar. statt: A *wälts*: B *yaltse* „tausend", A *want*: B *yente* „Wind", A *wkäṃ*: B *yakne* „Art und Weise", A *wotäk*: B *yātka* „hat befohlen". — Schliesslich führt das Westtocharische in gewissen Kausativbildungen einige sekundäre Erweichungen durch: *k* zu *ky*, *p* zu *py*, *m* zu *my*, *ts* zu *tsy*.

d) In echt tocharischen Wörtern begegnet nur *eine* Artikulationsart der Verschlusslaute, nämlich die reine Tenuis, die also aus der indogerman. Tenuis, Media oder Media aspirata entstanden sein kann. Beispiele: Idg. *k'*: A *känt*, B *kante* „hundert" (lat. *centum* usw.); idg. *ǵ*: A *ākeñc*, B *ākeṃ* „agunt"; idg. *ǵh*: A *poke*, B (Obl.) *pokai* „Arm" (gr. πῆχυς). — Idg. *q*^{u}: A *kukäl*, B *kokale* „Wagen" (ai. *cakra*- „Rad"); idg. *g*^{u}: A *ko*, B (N.Sg.) *ke͡u* „Kuh"; idg. *g*^{u}*h*: A *śärme* (mit *ś*<*k*) „Hitze" (ai. *gharma*-). - Idg. *t*: A *tre*, B *trai* „drei" (ai. *trayaḥ*); idg. *d*: A *täp* „er ass" (:lat. *daps* „Mahl"?); idg. *dh*: A *ckācar*, B *tkācer* „Tochter" (gr. θυγάτηρ). — Idg. *p*: A *pācar*, B *pācer* „Vater" (lat. *pater*); idg. *b*: A B *präṅk*- „sich zurückhalten" (got. *ana-praggan* „bedrängen"); idg. *bh*: A *pracar*, B *procer* „Bruder" (ai. *bhrātar*-).

C. Nomen und Pronomen

1. *Allgemeines*

a) Genera

Das Tocharische kennt in beiden Dialekten, entsprechend dem Indogermanischen, 3 Genera, nämlich Maskulinum, Femininum und Neutrum.

Die bedeutsame Abweichung vom Idg. besteht aber darin, dass es eine neutrale Form nur beim Demonstrativpronomen (und gewissen von ihm abgeleiteten pronominalen Bildungen) gibt. Beispiel B *se* m. ,,dieser", *sā* f., *te* n.; entsprechend *su* ,,der", *sā*$_u$, *tu*; A *säm* ,,der", *sām*, *täm*. Dabei ist B *te* ersichtlich die unmittelbare Fortsetzung von idg. **tod* = ai. *tad*, gr. τό, lat. *is-tud*, got. *þat-a*.

Sämtliche Nomina kennen demgegenüber grundsätzlich und im Sinn der historischen Grammatik nur 2 Genera, nämlich Mask. und Fem. Abgesehen davon, dass bestimmte Substantivsuffixe bzw. Endungen an ein bestimmtes Genus gebunden sind, erkennt man das Genus eines Substantivs am sichersten dann, wenn dem Substantiv ein attributives oder prädikatives Adjektiv oder ein Demonstrativpronomen beigesellt ist, weil in der Adjektivflexion die beiden Genera scharf von einander geschieden sind. Beispiele sind für das Osttocharische: N. Sg.m. *tsopats wäl* ,,grosser König", Obl. *tsopatsäṃ lānt*; N.Sg.f. *tsopatsi lānts* ,,grosse Königin", Obl. *tsoptsāṃ lāntsāṃ*; Pl.N. m. *śāwe lāñś* ,,grosse Könige", Obl. *śāwes lāñcäs*, Pl.N. f. *śāwaṃ lāntsañ*, Obl. *śāwaṃ lāntsas*. — Für das Westtocharische: N.Sg.m. *wrotstse walo* ,,grosser König", Obl. *wrocce lānt*, N.Sg.f. *wrotstsa wertsya* ,,grosses Gefolge", Obl. *wrotstsai wertsyai*; N.Pl.m. *wrocci lāñc*, Obl. *wroccem lāntäṃ*; N. u. Obl. Pl. f. *wrotstsana wertsyaṃ*.

Daneben gibt es nun aber in beiden Dialekten eine grosse Zahl von Substantiven, zum Teil schon durch die Pluralendungen gekennzeichnet, die im Singular als Maskulina, im Plural aber als Feminina fungieren, d.h. in den Singularformen Adjektiva und Pronomina mit den maskulinen, in den Pluralformen mit den femininen Endungen zu sich nehmen. Es empfiehlt sich nicht, diese Art von Substantiven als ,,Neutra" zu bezeichnen; denn niemals tritt zu ihnen ein Pronomen in der echten neutralen Form (s.o.). Man mag das Geschlecht dieser Substantiva eher als ,,genus alternans" benennen. Ein Beispiel möge genügen: B *su* (N.Sg.m.) *yāmor* ,,die Tat": *toṃ* (N. Obl. Pl. f.) *yāmornta* ,,die Taten". Man beachte also, dass im Singular nicht die neutrale Form *tu* des Pronomens gebraucht wird; diese neutrale Pronominalform kann vielmehr lediglich in absoluter Stellung des Pronomens verwendet werden. Bei dieser grundsätzlichen Übereinstimmung zwischen beiden Dialekten ist aber zu beachten, dass bei den einzelnen Wörtern Ost- und Westtocharisch nicht immer im Genus den gleichen Weg gehen: So ist z.B. A *praski* ,,Furcht" alternans, dagegen B *proskiye* (*prosko*) feminin. Kennzeichnend ist auch der Umstand, dass Lehnwörter aus dem Sanskrit im Genus nicht mit dem des Sanskritwortes übereinstimmen: So ist z.B. das Sanskritwort *samudra-* ,,Ozean" mask. (N.Sg. *samudraḥ*), das entlehnte westtochar. *samudtär* aber alternans, also Sg. *kätkre* (m.) *samudtär* „tiefer Ozean", Pl. *kätkrona* (f.) *samudtärnta* mit der für die Alternantia charakteristischen Pluralendung *-nta*.

Es gibt also bei den tochar. Substantiven in Bezug auf das Genus drei Kombinationen: 1) Sg.m.: Pl.m. = Mask.; 2) Sg.m.: Pl. f. = Altern.; 3) Sg.f.: Pl. f. = Fem. Man kann also ein Substantiv schon dann als Mask. bezeichnen, wenn man von ihm nur mask. Pluralformen, als Fem., wenn man von ihm nur fem. Singularformen kennt. Das Genus alt. dagegen kann man nur bestimmen, wenn eindeutige Singular- und Pluralformen des betr. Wortes vorliegen.

b) Numeri

Das Tocharische kennt fünf Numeri, nämlich Singular, Paral, Dual, Plural und Plurativ (vgl. W. Krause, *Das Numerussystem des Tocharischen* = *NGAW* 1954, Nr. 1 nebst *KZ* 72, S. 233 f.).

Zum Gebrauch des Singulars und des Plurals ist nichts Besonderes zu bemerken.

Der Paral tritt bei natürlichen Paarverbindungen, insbesondere bei Körperteilnamen, auf und ist durch eine Endung A -*(ä)ṃ*, B -*(a)ne* gekennzeichnet, z.B. A *aśäṃ*, B *eś(a)ne* „Augen" (Sg. A *ak*, B *ek*); A *klośäṃ*, B *klauts(a)ne* „Ohren" (Sg. A *klots*, B *klautso*); A *pokeṃ*, B *pokaine* „Arme (Sg. A *poke*, B **poko*); A *tsaräṃ*, B *ṣarne* „Hände" (Sg. A *tsar*, B *ṣar*); A *peṃ*, B *paine* „Füsse" (Sg. A *pe*, B *paiyye*); B *ñaktene* „das Götterpaar" (Sg. *ñakte*). Ausserdem verwendet das Westtocharische den Paral regelmässig bei den Pronominalformen *wene* „wir beide", *yene* „ihr beide".

Der Dual dagegen wird bei einer okkasionellen Zweizahl von Personen oder Dingen angewandt. Er ist im Osttocharischen nur in wenigen Resten bezeugt, im Westtocharischen aber in etwas weiterem Umfang erhalten. A ... *kṣatriṃ pratri tim rätraṃ wsāluy'āmpi* „... die zwei Kṣatriya-Brüder, mit roten Gewändern beide" (A 144 a 2). Hier ist *pratri* Dual zu Sg. *pracar*, Pl. *pracre*; *tim* Dual zu Sg. *säm* „der", Pl. *cem*.- Im Westtocharischen gibt es (ohne erkennbaren Unterschied) die zwei Dualendungen *-i* und *-ñc*, z.B. a) *wī pwārine* (L. Du.) *klutkau* „in zwei Feuern befindlich" (B 9 a 7); dazu Sg. *puwar*, Pl. *pwāra*.- *klaiñ'eñwaññe ṣotrūnimeṃ* „von den Merkmalen weiblich und männlich" (B 8 a 6); dazu Sg. *ṣotri*, Pl. *ṣotrūna*.- Eine charakteristische Verbindung von Paral- und Dualformen findet sich in folgendem Satz: *kesärne* (Par.) *cakkarwisa* (Du.) *mittarwisa* (Du.) *tsetskäññoṣ* (Pl.) *tañ aline* (Par.) „(wie) zwei Staubfäden (sind) deine mit zwei Rädern und zwei Mitras gekennzeichneten Handflächen" (B 75 a 2).- b) *pärkarñesa wi rsoñc pañäktentse rasosa* „an Länge zwei Spannen nach der Spanne des Buddha" (HMR 2 a 6); dazu Pl. *rsonta*.- *wi trauñc* „zwei *trau* (ein Hohlmass)" (F II, P 3 b 7); dazu Pl. *traunta*.- Bemerkenswert ist die Verwendung von Paral- und Dualformen in einer westtocharischen Übersetzung von Deklinationsformen des Sanskrit (B 550): Hier werden die altind. Dualformen zu ai. *anaḍuh-* „Ochse" durch westtochar. Paralformen (N.-Obl. *oksaine*) wiedergegeben, dagegen die altind. Dualformen des Bahuvrīhi-Kompositums *su-haviṣ-* „gutes Opferfett habend" durch westtochar. Dualformen *kärtse-ṣälypeñc* usw. Beim Adjektiv gehen Paral- und Dualformen anscheinend unterschiedslos nebeneinander her, z.B. *rukänte-c läktsi* (Du.) *eśäne* (Par.) *täṅwäññane* (Par.) „es glänzten deine leuchtenden Augen, die liebevollen" (B 224b1). Das tocharische Verbum kennt nur Dualformen, und auch diese nur noch in einigen Resten.

Der Plurativ bezeichnet einen distributiven Plural und ist uns nur in wenigen Beispielen erhalten, etwa: B *kwri nta kca āstasa ṣpä śle yasar misaiwentasa* „wenn auch irgendwie durch Knochen und durch Fleischstücke zusammen mit Blut" (H add. 149.50b1); hier steht der Plurativ *misaiwenta* zum Pl.tant. *mīsa* „Fleisch".- *ṣamāni no masār ostuwaiwentane* (L. Plt.) *kakākaṣ tākoṃ śwātsiśco* „wenn Mönche aber unterwegs in (einzelne) Häuser zum Essen eingeladen werden sollten" (HMR 3 b 5); dazu Pl. *ostwa*. — Hierher wohl auch A *toṣ tri-wäknā läñci waṣtantu* „Diese dreifachen königlichen Häuser" (318b5); Pl. *waṣtu*.

c) Kasus

Die tocharische Deklination der Nomina und Pronomina ist gleichsam zweistöckig: Das untere und ältere Stockwerk zeigt fest mit dem Stamm verbundene und für Singular, Paral und Plural verschiedene Endungen im Sinne der indogermanischen Grammatik. Man spricht hier auch von „primären Kasus". Dazu gehören der Nominativ, der sogenannte Obliquus, der absolut, d.h. ohne Hinzufügung sekundärer Kasusaffixe, im Sinn des Akkusativs verwendet wird, ferner der Genetiv und — nur im Westtocharischen — der Vokativ. Beispiele: A Sg.N. *käṣṣi* „Lehrer", Obl. *käṣṣiṃ*, G. *käṣṣiyāp*; Pl. N. *käṣṣiñ*, Obl. *käṣṣis*, G. *käṣṣiśśi*.- B Sg.N. *āśce* „Kopf", Obl. *āśc*, G. *aścantse*; Pl.N. *āści*, Obl. *āstäṃ*, G. *astants*.- Sg.N.-Obl. *ek* „Auge", G. *ekantse*; Par. N.-Obl. *eś(a)ne*, G. *eśnaisäñ*; Pl.G. *eśaints*.

Formen des nur im Westtochar. bezeugten Vokativs sind *saswa* „o Herr!" (N. *saswe*), *wroccu walo* „o grosser König!" (N. *wrotstse walo*), *cämpamñeccu* „o Mächtiger" (als höfliche Anredeform zu N. *cämpamñetstse* „vermögend"), *po yśeñcai* „o Allerkenner!" (N. *po aiśeñca* „alles erkennend").

Das obere und jüngere Stockwerk der tochar. Deklination wird von den sekundären Kasus aufgebaut: Diese werden mit Hilfe von locker an den Obliquus angefügten und für alle Numeri gleichlautenden Postpositionen oder Affixen gebildet. Folgende sekundäre Kasus treten auf: Instrumental: Nur A *-yo*. Perlativ: A *-ā*; B *-sa*. Lokativ: A *-aṃ*; B *-ne*. Allativ: A *-ac*; B *-śc* (*-ś*). Ablativ: A *-äṣ*; B *-meṃ*. Komitativ: A *-aśśäl*; B *-mpa*. Kausalis: Nur B *-ñ*. Beispiele:

Osttocharisch: *tsarän-yo* „mit den (beiden) Händen"; *tkan-ā* „über die Erde hin", „auf die (oder der) Erde"; *ṣtām-aṃ* „in dem Baum"; *pekäntān-ac* „zu dem Maler"; *wr-äṣ* „aus dem Wasser"; *sewās-aśśäl* „zusammen mit den Söhnen".

Westtocharisch: *kantwa-sa* „mit der Zunge", „in der Sprache"; *ṣarne-ne* „in den (beiden) Händen"; *ri-ś(c)* „zu der Stadt"; *kälymiṃ-meṃ* „von den Himmelsrichtungen"; *lāntä-mpa* „zusammen mit dem König"; *kawā-ñ* „aus Gier".

Man sieht, dass die bedeutungsmässig sich entsprechenden Affixe im Ost- und Westtocharischen zumeist etymologisch verschieden sind. Nur die Lokativaffixe A *-aṃ*, B *-ne* scheinen etymologisch mit einander verwandt zu sein.

Die einzelnen Affixe sind mindestens teilweise aus Adverbien entwickelt: Man vergleiche das osttochar. Instrumentalaffix *-yo* mit der Konjunktion *yo* in Beispielen wie *oṅk yo k͡uli* „Mann und Frau", das osttochar. Komitativaffix *-aśśäl* mit dem Adverb *śla* [B *śle*] „zugleich", „zusammen mit", die Lokativaffixe A *-aṃ*, B *-ne* mit dem Adverb A *ane*, B *eneṃ* „hinein".

2. *Zum Nomen*

a) Zweiteilung

Die Gesamtheit der tocharischen Substantiva lässt sich hinsichtlich der Deklination in zwei Hauptgruppen einteilen: 1. Vernunftbegabte Wesen, 2. Nichtvernunftbegabte Wesen und Dinge. Das Hauptmerkmal für diese Scheidung besteht darin, dass nur die erste Gruppe einen Obl. Sg. auf *-ṃ* bilden kann (aber keineswegs muss), z.B. AB *käṣṣi* „Lehrer", Obl. *käṣṣiṃ*; A *śaru* [B *śerwe*] „Jäger", Obl. A *śarwäṃ* [B *śerweṃ*]; A *śom* „junger Mann" [B *śaumo* „Mensch"], Obl. A *śomäṃ* [B *śaumoṃ*]; A *lyäk* [B *lyak*] „Dieb", Obl. A **lykäṃ* [B *lykaṃ*] usw.

Dagegen bilden die Verwandtschaftsnamen auf *-r* keinen Obliquus auf *-ṃ*, z.B. A N.u.Obl. *pācar* [B N. *pācer*, Obl. *pātär*] „Vater".

Das Westtochar. Wort *onolme* „Lebewesen" bildet im allgemeinen keinen besonderen Obl.Sg.; nur an einer Stelle, an der der Buddha mit diesem Wort bezeichnet wird, findet sich die Obliquusform *onolmeṃ* (B 30 b 4).

Bemerkenswert ist der Umstand, dass im Osttochar. *ku* „Hund" einen Obl.Sg. *koṃ* bildet, woraus hervorgeht, dass der Hund zu den vernunftbegabten Wesen zählte. Dagegen kennen im gleichen Dialekt Wörter wie *yuk* „Pferd", *oṅkaläm* „Elefant" keine besondere Obliquusform.

Im übrigen ist im Osttocharischen jene Zweiteilung dadurch besonders einprägsam, dass (von einer Ausnahme abgesehen) in diesem Dialekt keine andere Form des Obl.Sg. besteht, sodass die Regel hier lautet: Nur die Bezeichnungen für vernunftbegabte Wesen kennen einen besonderen Obliquus Singularis. Im Westtochar. dagegen gibt es neben *-ṃ* noch mehrere andere Endungen des Obl.Sg., z.B. N. *āśce* „Kopf", Obl. *āś*(*c*); *ytārye* „Weg", Obl. *ytāri*; *kaumiye* „Teich", Obl. *kaumai*; *śana* „Ehefrau", Obl. *śano*; *kantwo* „Zunge", Obl. *kantwa*.

Ferner sind in beiden Dialekten gewisse Pluralendungen ausschliesslich Substantiven der zweiten Hauptgruppe eigen, z.B. A *-ntu* [B *-nta*], A *-u* [B *-wa*]; A *-äṃ* [B *-nma*] u.a.m. Eine Ausnahme bildet im Osttochar. N.Pl. *śnu* „Ehefrauen" (Sg. *śäṃ*) mit der sonst nur der zweiten Hauptgruppe eignenden Pluralendung *-u* (aber Obl.Pl. *śnās*).

b) Gruppenflexion

Bei der Verbindung zweier oder mehrerer koordinierter Substantiva sowie bei der Verbindung eines Substantivs mit einem attributiven Adjektiv wird das Kasusaffix häufig, und zwar besonders im Osttocharischen, nur 1 mal, nämlich am Schluss des letzten Gliedes, gesetzt; vgl. SIEG, *Toch.Gr.*, §§ 338 ff. und KRAUSE, *KZ* 69, S. 186 ff. Beispiele für das Osttocharische. Anreihende Gruppen: *kuklas yukas oṅkälmāsyo* „mit Wagen, Pferden und Elefanten". Alle drei Glieder zeigen die Form des Obl.Pl. (vgl. oben S. 17), während das Instrumentalaffix *-yo* nur dem letzten Glied angefügt ist: *śla pācar mācar pracres* (Obl. Pl.) *śäṃ sewāsaśśäl* (Kom.Pl.) „zusammen mit Vater, Mutter, Brüdern, Frau und Söhnen". Daneben aber auch Fälle mit jedesmaliger Setzung des Kasusaffixes wie *käntantuyo wältsantuyo tmānantuyo korisyo* „zu Hunderten, Tausenden, Zehntausenden und Hunderttausenden". Attribut + Substantiv: *pontsāṃ* (Obl. Sg.f.) *kapśiññäṣ* (Abl.) „vom ganzen Körper"; *päñ-cmolwāṣinäs* (Obl.Pl.m.) *wrassaṃ* (Lok.) „bei den Fünfgeburten-Wesen".

Westtocharisch: Anreihende Gruppen: *ṣarm okone* (Lok.) „in Ursache und Wirkung"; *ypauna k͡uṣaintsa* (Perl.) „über Länder und Dörfer hin". Daneben *riṃne k͡uṣaiṃne ostwane* „in Städten, in Dörfern und in Häusern". Attribut + Substantiv: *krent* (Obl. Sg.m.) *yāmorsa* (Perl.) „durch die gute Tat"; *piś-cmel-ṣana läklentasa* „durch die Leiden der Fünfgeburten-Wesen".

Der Genetiv steht für das tocharische Sprachgefühl gerade an der Grenze von primärem und sekundärem Kasus: In Gruppenbildungen mit genetivischem Schlussglied kann das erste Glied (bzw. die nichtletzten Glieder) entweder im Genetiv oder im Obl. stehen.

c) Adjektiv

Beim Adjektiv sind maskuline und feminine Formen streng von einander geschieden; neutrale Formen gibt es nicht.

Zu jedem Substantiv kann man durch Anfügung gewisser Suffixe ein Adjektiv bilden. Besonders im Westtochar. treten 3 Suffixe dieser Art deutlich in Erscheinung:

1. *-ṣṣe* (f. *-ṣṣa*) „bestehend aus", oft zur Übersetzung des ersten Gliedes eines Sanskritkompositums, z.B. *ysāṣṣe yetse* [A *wsāṣi yats*] „goldene Haut", „Goldhaut" (: B *yasa*, A *wäs* „Gold"). B *pelaikneṣṣe śaul* [A *märkampalṣi śol*] „das im Gesetz begründete Leben".

2. Das Suffix B *-ññe* [A *-eṃ*] bezeichnet teils ebenfalls das Bestehen aus, teils die Zugehörigkeit: B *oṅkolm' eñcwañña* „eine eiserne Elefantin" (: *eñcuwo* „Eisen"; vgl. aber A *añcwāṣi* „eisern"). *perne poyśiññe* „die dem Buddha zugehörende Würde (= „Buddhawürde"; vgl. A *puttiśparäṃ*). Substantiviert in Fällen wie B *ostaññe* „Hausbewohner", *ostañña* „Hausbewohnerin".

Sehr charakteristisch ist die Verwendung dieses adjektivierenden Possessivsuffixes anstelle eines Gen.poss., z.B. B *Dharmasomäññe Udānālaṅkārne* „in Dharmasomas Udānālaṅkāra" (wörtl.: „im Dharmasomischen U."); entsprechend A *Rāmeṃ ratäkyo* „durch Rāmas Heer".

3. Das Suffix B *-tstse* (*-tse*) (f. *-tstsa*) bezeichnet das Versehensein mit, z.B. *sklokatstse* „Zweifel (*sklok*) habend"; *kokaletstse* „einen Wagen (*kokale*) habend" = „zu Wagen".

Es gibt im Tocharischen keine Steigerungsformen. Anstelle des in anderen indogermanischen Sprachen üblichen Komparativs und Superlativs wird der Positiv gebraucht und das verglichene Wort meist im Perlativ beigefügt, z.B. B *ci-sa lare* „lieber als du (bzw. Dich)"; *po-sa lare* „am (aller)liebsten". Ob in A *lyutär* + Abl. „mehr als", „überaus" ein alter Komparativ steckt, ist sehr zweifelhaft.

3. *Zum Pronomen*

Während es im Westtocharischen für das Personalpronomen der 1. Sg. wie in fast allen Sprachen der Erde nur eine gemeinsame Form für Mask.

und Fem. gibt, scheidet das Osttocharische hier zwischen beiden Geschlechtern: A *näṣ* m., *ñuk* f. „ich"; entsprechend Gen. *ñi* m., *nāñi* f. In B nur N.Obl. *ñäś* (*ñiś*), Gen. *ñi* m.f.

Charakteristisch für das Tocharische sind die suffigierten Objektspronomina, die häufig das Possessivum vertreten, z.B. A *śwe-ñi* [B *śwā-ñ*] „sie fressen mich"; A *winäsam-ci* [B *winäskau-c*] „ich verehre Dich" (bzw. „deinen ..."); A *em-äṃ* [B *ayu-ne*] „ich werde ihn (oder: ihm) geben"; A *akeñc-äm* [B *aken-me*] „sie führen uns (euch, sie)".

Für das tocharische Demonstrativpronomen ist die Unterscheidung des näheren oder ferneren Grades der Deixis mittels bestimmter deiktischer Elemente kennzeichnend. Nur im Westtocharischen gibt es das formal einfache, durch kein deiktisches Element verstärkte Pronomen *se* m., *sā* f., *te* n. (= idg. **so*, **sā*, **tod*). Doch hat dies westtochar. Pronomen eine starke Hier-Deixis und übersetzt das Sanskritpronomen *ayam*. Im Osttocharischen entspricht bedeutungsmässig *sä-s*, *sā-s*, *tä-ṣ* mit deiktischem Element *-s*.- Das anaphorische Pronomen (= skt. *saḥ*) lautet in B *su*, *sāu*, *tu*, in A *sä-m*, *sā-m*, *tä-m*.- Dem skt. *eṣaḥ* entspricht im Westtocharischen *se-ṃ*, *sā-ṃ*, *te-ṃ*, im Osttocharischen *sa-ṃ*, *sā-ṃ*, *ta-ṃ*. Dazu gesellt sich im westlichen Dialekt noch ein Ausdruck für skt. *asau* „jener": *sa-m(p)*, *so-m(p)*, *ta-m(p)*.

Das Fragepronomen besitzt in beiden Dialekten nur je eine Form für den Nom. und Obl. aller Genera und Numeri: A N. *kus* [B *kuse*], Obl. A *kuc* [B *kuce*].

4. *Präpositionen und Konjunktionen*

a) Präpositionen

Echte Präpositionen sind im Tocharischen nur A *śla* [B *śle*] „zusammen mit" und A *sne* [B *snai*] „ohne". Beide regieren den einfachen Obliquus. Es scheint, dass mindestens im Westtochar. diese Präpositionen in der Verbindung mit dem folgenden Substantiv z.T. den Akzent auf sich ziehen, während das Substantiv schwachtonig wird. Das geht aus der Vokalschwächung (vgl. oben S. 11) des Substantivs hervor, z.B. B *ślé yärke* „mit Verehrung" (:*yarke*); *snái yamor* „ohnc karman" (:*yāmor*); *snái tränko* „sündlos" (:*tranko*). Daneben aber *snai yárm* (oft) „masslos", *snai ṣáṃṣäl* „ohne Zahl".

Eine alte, lat. *in* usw. entsprechende Präposition liegt offenbar vor in erstarrten Verbindungen wie A *ykoṃ* [B *iṅkauṃ*] „bei Tag" (:A *koṃ*, B *kauṃ*); B *yñaktem yśāmna* „unter Göttern und Menschen" (SIEG, *Toch. Gr.*, § 391).

Weit häufiger sind in beiden tochar. Dialekten Postpositionen, die zum Teil zu festen Kasusaffixen geworden sind (S. 17), zum Teil ihre volle Selbständigkeit bewahrt haben. In diesem Zusammenhang sei bemerkt, dass das Tocharische im allgemeinen keine eigentlichen Verbalkomposita kennt.

b) Konjunktionen

Es gibt eine Reihe von koordinierenden und von subordinierenden Konjunktionen. Dabei fällt auf, dass der Begriff der einfach koordinierenden Konjunktion „und" in beiden Dialekten für gewöhnlich nicht zu sprachlichem Ausdruck gelangt, dass hierfür vielmehr Asyndese angewandt wird, z.B. A *ātli k*$_u$*lewāñ* „Männer und Frauen", *ykoṃ oṣeñi* „bei Tag und Nacht"; B *ṣarm oko* „Ursache und Wirkung", *ñakti śāmna* „Götter und Menschen".

Daneben können zur Verstärkung des Begriffes der Verbindung die Konjunktionen A *yo* [B *wai*] und *śkaṃ* [B *ṣpä* (verkürzt *ṣ*)] verwendet werden; so steht im Osttochar. *lwā yo pretāñ* „Tiere und Hungergespenster" neben asyndet. *lwā pretāñ*.

Untergeordnete Nebensätze verschiedener Art sind häufig. Bemerkenswert ist die Syntax der Bedingungssätze: Die unserem „wenn" (= „falls") entsprechende Konjunktion A *k*$_u$*prene* [B *kwri*] kann — ähnlich wie im Deutschen — ausgelassen werden; der Konjunktiv steht dann im Sinn eines Potentialis, der Optativ in dem eines Irrealis. Beispiele: [osttocharisch: Mit Konjunktion: *ṣomāp lānt em* (Konj.) *k*$_u$*pre ne cu ālyek yäsluṣ tāke-ñi* „Wenn ich dich dem einen König gebe, so werden die anderen mir Feinde werden" (A 66a3). Ohne Konjunktion: *kapśiṃñāṣās pākāntu pkänt pkänt potka(m) mā tṣaṃ naṣ āñcäm ñomā* „Zerlege ich die Körperteile einzeln, so gibt es dabei nichts mit dem Namen Selbst" (A 7b6). [Westtocharisch: Mit Konjunktion: *kwri war tākaṃ* (Konj.) *yolmene wināññentär omp lwāsa laksäṃ warñai* „Wenn Wasser im Teich ist, so sind die wilden Tiere, die Fische usw. zufrieden" (B 11b4). Ohne Konjunktion: *maharṣinta posa kreś tākacer* (Konj.) *mant purwat oṅkarñai* „Ihr grossen Ṛṣis! Wenn ihr besser als alle seid, so geniesst den Brei!" (B 107 b3). *toṃ mā tākoṃ* (Opt.) *śaiṣṣene mā ṅke tsaṅkoy pudñäkte* „Wären die (Alter, Krankheit und Tod) nicht in der Welt, so würde doch der Buddha nicht aufzustehen brauchen" (B 5a6).

5. *Zum Verbum*

a) Genera Verbi

Während die nominale und pronominale Flexion und Syntax des Tocharischen viele den Indogermanisten fremd anmutende Züge bietet, ist das tochar. Verbum, das in der Prosa gewöhnlich am Schluss des Satzes steht, in allen wichtigen Kategorien grundsätzlich ein getreues Erbe des Indogermanischen.

So sind die zwei Genera verbi (oder Diathesen) des Indogermanischen, nämlich Aktiv und Medium, im Tocharischen in vollem Umfang bewahrt. Das Medium wird entweder passivisch oder deponential, d.h. mit rein aktiver Bedeutung, verwendet. Seltener tritt die alte mediale Bedeutung, d.h. mit Bezug der Handlung auf das Subjekt, in Erscheinung. Dafür ein Beispiel aus dem Westtocharischen: *inte no ynemane snai prayok kenantse äre mäntatär-ne* (med.) ... *anāpatti ste* „Wenn aber der Pflug im Dahingehen ohne Vorstellung von der Erde sie von sich aus verletzt..., so ist (das) kein Verschulden." (B 331a1).

Formal ist hervorzuheben, dass die primären Medialendungen durch ein *-r* gekennzeichnet sind, nicht aber die sekundären. Vergleiche etwa A Präs. *wärpnātär* [B *wärpanatär*] „er geniesst" mit Prät. A *wärpāt* [B *wärpāte*]; Ipv. Pl. 2 A *purpāc* [B *purwat*].

b) N u m e r i

Das Tocharische kennt beim Verbum (im Gegensatz zum Nomen und Pronomen, s.S. 15) nur 3 Numeri, nämlich Singular, Dual und Plural. Dualformen sind selten (im Osttochar. nur 1 mal, im Westtochar. 5 mal bezeugt) und werden im allgemeinen durch den Plural ersetzt. Dabei kann der verbale Dual sich auf ein dualisches wie auf ein paralisches Subjekt beziehen. Auf einen Dual bezogen: A (*tiṃ*) [*wu*] *ṣlyokañ Śākyamuni ptāñäktā malto prātimokäṣ tākenas* „Diese zwei Verse waren zuerst ein Prātimokṣa unter dem Buddha Śākyamuni" (A 354a6). Für paralisches Subjekt: B *ltais ñaktene* „die beiden Götter (= das Götterpaar) gingen fort" (B 88b5). *ceu ṣäp yene saim pyamttsait* „und ihn macht ihr beide euch zum Schutz!" (B 295a9).

c) T e m p o r a

Auch im Bereich der Tempora ist das Tocharische recht konservativ: Es hat den alten Unterschied zwischen Imperfektum und Präteritum (Aorist) treulich bewahrt.

Das tochar. Imperfekt zeigt teils rein imperfektiven Aspekt, teils bezeichnet es den Zustand in der Vergangenheit (bei Zustandsverben).

Das tochar. Präteritum hat perfektivischen Aspekt und nicht-durative Aktionsart, steht aber auch im Sinn des idg. Perfekts, indem es den auf Grund einer abgeschlossenen Handlung eingetretenen Zustand ausdrückt.

Die idg. Perfektbildung selbst ist im Tocharischen als selbständige

Kategorie untergegangen, lebt aber in gewissen Formen des tochar. Präteritums fort. Zur Unterscheidung der verschiedenen Aspekte und Aktionsarten mögen zwei westtocharische Beispiele dienen: *kokaletstse īyoy* (Ipf.) *sū Prasenaci walo. ot ṣem kautāte* (Prät.) *koklentse waiptār pwenta käskānte* (Prät.) „Als Wagenfahrer kam der König Prasenajit einhergefahren. Da brach die Achse des Wagens, und die Speichen wurden auseinander gestreut" (B 5a2). *yākṣy āsūri śle gandhārvi āktike ramt klutkäṣṣiyeṃ* (imperfektiver Aspekt) *rī Rājagri yauṣmauṣ yeyeṃ* (imperfektiver Aspekt) *katkauñaisa kalñi* (durative Aktionsart) *śaiṣṣe. te ramt weṣyeṃ* (imperfekt. Aspekt): *poyśiṃñeṣṣe kauñkte parka* (Prät. mit Perfektbedeutung) „Yakṣas, Asuras nebst Gandharven versetzten die Stadt Rājagṛha gleichsam in Erstaunen und gingen (dem Buddha) entgegen; vor Freude dröhnte die Welt. So redeten sie: Die Sonne der Allerkennerschaft ist aufgegangen!" (B 408a3-4).

Dabei ist rein formal das tocharische Imperfektum eine gegenüber dem urindogermanischen neue und in beiden Dialekten von einander weithin verschiedene Bildung (vgl. G. S. Lane, Lang. 29, S. 278 ff.). Beiden Dialekten gemeinsam ist nur die Imperfektbildung zu den Verben „sein" und „gehen": A *ṣem* [B *ṣaim*] „eram", *ṣet* [B *ṣait*] „eras", *ṣeṣ* [B *ṣai*] „erat" usw.; entsprechend A *yem* [B *yaim*] „ibam" usw. Das Hauptkennzeichen für diese Bildung ist die Verwendung des Optativsuffixes *-i-* zur Bezeichnung des Imperfektums; man vergleiche dazu kymr. (wallisisch) *oedd* < vorkelt. **s-i̯ē-t* „erat", eigentlich Optativ. Im übrigen wird im Westtocharischen jedes Imperfekt dadurch gebildet, dass jenes von Haus aus optativische *-i-* nebst Optativendung dem Präsensstamm angehängt wird, z.B. Präs. *salpäṃ* „glüht", Ipf. *salpi*, Prät. *salpa*; Präs. *ṣamäṃ* „sitzt", Ipf. *ṣami*, Prät. (suppl.) *lyama*; Präs. (und Konj.) Med. *lkātär* „videtur, videatur", Ipf. (und Opt.) *lkoytär*, Prät.Med. *lyakāte*; Präs. *kärsanaṃ* „er weiss", „sie wissen", Ipf. 3.Pl. *kärsanoyeṃ*, Opt. *kärsoyeṃ*, Prät. *śärsāre*; Präs. *yamaskau* „ich mache", Ipf. *yamaṣṣim*, Opt. *yamīm*, Prät. *yamaṣṣāwa*. Demgegenüber wird im Osttocharischen das Imperfektum (mit Ausnahme von *ṣem* „eram" und *yem* „ibam") stets ohne das optativische *-i-* und mit Präteritalendungen gebildet, und zwar teils vom Präsensstamm, teils von der Wurzel aus, z.B. Präs. *päl̥tsä-ṅ-k-āṣ* „denkt", Ipf. *päl̥tsä-ñ-ś-ā*, Prät. **päl̥tsäk*; *e-s-eñc* „sie geben", Ipf. *e-ṣ-ār*, Prät. *wsär*; Präs. Med. *kälp-nā-tär* „erlangt", Ipf. *śālpat*, Prät. *kälpāt*; Präs. Med. *pärtär* „trägt", Ipf. *pārat*, Prät. *kāmat*; Präs. *träṅkäṣ* „spricht", Ipf. *craṅkäs* (mit Flexion des ṣ-Prät.).

Das Präteritum wird in beiden Dialekten in der Hauptmasse der Beispiele entweder mit dem Stammesausgang *ā* (wie in den baltischen

Sprachen) oder *s* (nach dem alten *s*-Aorist) gebildet, z.B. 3.Sg.Med. A *kälpā-t* [B *kälpā-te*] „er hat erlangt"; A *prakäs* [B *preksa*] „hat gefragt", Med. A *präksät* [B *parksate*]; A *ñakäs* [B *neksa*] „hat vernichtet". Im tochar. *s*-Präteritum scheinen aber in den Aktivformen mit Ausnahme der 3.Sg. Formen des idg. Perfekts eingebaut zu sein; man vergleiche etwa B *nekwa* „ich habe vernichtet" mit lat. *nocuī* (westtoch. *e* = idg. *o*) neben 3.Sg. *neksa*.

Schliesslich finden sich Reste von thematisch gebildeten Präteritalformen wie B *śem* „er kam", 3. Pl. *kameṃ* (< _*g^{u}mont_); B *lac* [A *läc*] „er ging hinaus" (< _*(E)ludhet_; Ansatz nach W. Cowgill bei W. Winter, IF 67 (1962), S. 22), 3. Pl. *lateṃ* [aber A *lcär*]. Diese Formen möchte man — mit Ausnahme von B *śem*, das auf eine indogerman. Bildung vom Typ lat. *vēnit* weisen könnte — auf indogerman. thematische Aoriste zurückführen.

Neben diesen einfachen Tempora haben sich im Tocharischen mehrere periphrastische Tempusbildungen entwickelt. Es mögen hier nur wenige Belege aus dem Westtocharischen folgen. Perfekt (Part. Prät. + Präs. der Kopula): *sanune kekamu nesau* „Ich bin in Gefahr gekommen" (B 79,6); *mā lauke kca kätkau sū preke ste* „Noch nicht lange ist die Zeit vorübergegangen" (77a5). Plusquamperfekt (Part. Prät. + Ipf. oder Prät. der Kopula): *tu wnolmi keklyauṣoṣ ṣeyeṃ* „Das hatten die Lebewesen gehört" (30b2); *ostmeṃ ltu sam ṣey* „Jener war aus dem Hause gegangen" (42a7).- *k*$_u$*͡ce wäntaresa kekamoṣ takās* „In welcher Angelegenheit seid ihr gekommen?" (82a1).

Das Futurum in negativen Sätzen wird meist durch Umschreibung mittels des Gerundivs II + Präs. der Kopula ausgedrückt: *mā tot ñiś pintwāt warpalle nesau kossa wāsaṃ kleśanma mā wikäskau* „Solange werde ich Almosen nicht geniessen, bis ich die vāsanā und kleśa nicht vertreibe!" (107 b 10).

Das Ger. II + Ipf. der Kopula dient zur Umschreibung des Irrealis: *kwri yarke peti ṣey-me kurpelle, ost olypo ṣaicer makci lamalyi* „Wenn ihr euch um Verehrung und Schmeichelei gekümmert hättet, so wäret ihr selbst weiter im Hause geblieben" (33a7).

d) Modi

Wie im Uridg. gibt es auch im Tocharischen Konjunktiv, Optativ und Imperativ. Jeder dieser drei Modi ist nicht von einem Tempusstamm abhängig, sodass es also z.B. nicht einen Konj. Präs. oder Konj.Prät. gibt, sondern eben nur einen Konjunktiv. Das ist indogermanisches Erbe; vgl. etwa noch alat. Konj. *attigās* (ohne das präsentische *-n-* von Ind.Präs. *attingis*).

Der Konjunktiv, der zugleich als Futurum fungiert, besitzt weithin die selben Stammeskennzeichen wie das Präsens; seine Personalendungen sind durchweg die des Präsens. Unter den Stammesausgängen des tocharischen Konjunktivs ist besonders *-ā-* zu nennen, das ja auch in den altitalischen Sprachen und im Altirischen eine bedeutende Rolle spielt: Westtoch. Präs. *kärsa-na-ṃ* „er weiss" (mit idg. Präsenskennzeichen *-nā-*), Konj. *kārs-a-ṃ* (mit Konjunktivzeichen idg. *-ā-*). Nur das Osttocharische besitzt eine eigenartige, zu *s*-Präteriten gehörige Konjunktivbildung mittels *-ñ-*, z.B. *wāk-ñ-äṣ* „wird spalten" zu *s*-Prät. *wākäs*.

Der Optativ, der den Wunsch, die Möglichkeit und — in Bedingungssätzen — auch den Irrealis ausdrückt, fügt an den Konjunktivstamm ein aus idg. *ī* (und *oi* ?) ererbtes Kennzeichen, z.B. A *yām-i-m* [B *yam-ī-m*] „ich möge machen". Im Westtocharischen verbindet sich dies optativische *i* mit vorhergehendem *ā* zu dem Diphthong *oy*, z.B. Konj. *lkācer* „ihr werdet sehen": Opt. *lkoycer*. Die Personalendungen des Optativs sind im Osttocharischen durchweg gleichlautend mit denen des Präsens, während im Westtocharischen die 1. und 3. Sg. Akt. besondere Endungen aufweisen.

Der tocharische Imperativ kennt formal nur Endungen für die 2.Personen, wobei die Endung der 2. Pl. auch im Sinn des Adhortativs, also für die 1. Pl., verwendet werden kann. Nur im Osttocharischen findet sich ein Beispiel auch für die 3. Sg. Im Osttocharischen muss allen Imperativformen das Präfix *p(ä)-* vorausgehen, während es im westlichen Dialekt gelegentlich, und zwar vor wurzelanlautendem *p-* regelmässig, fehlt: A *pä-klyoṣ* [B *pä-klyauṣ*] „höre!"; A *p-pärksär* [B *parksar*] „frage!".

e) Infinite Formen

Beide Dialekte besitzen eine beträchtliche Anzahl infiniter Formen, die eng dem verbalen System eingefügt sind.

1. Es gibt nur 1 Infinitiv (vgl. W. Thomas, *Festschr. F. Weller* 1954, S. 701 ff.), der mit der Endung AB *-tsi* gebildet ist. Er ist im Osttocharischen dem Präsensstamm, im Westtocharischen dem Konjunktivstamm angeschlossen, z.B. A *kärs-nā-tsi* „wissen" (Präs. Sg.3 *kärsnāṣ*, Konj. *krasaṣ*), B *karsatsi* (Präs. *kärsanaṃ*, Konj. *kārsaṃ*); A *ṣämtsi* „sitzen" (Präs. *ṣmäṣ*, Konj. *lamaṣ*), B *lamatsi* (Präs. *ṣamāṃ*, Konj. *lāmaṃ*).- Der tochar. Infinitiv wird häufig in passivischem Sinn verwendet, z.B. B *sale tapre* (Nominativ!) *murtaṣe olaṅk nai ṅke raṅkatsi* „Der hohe Berg der Exaltation ist ja wohl durchaus zu besteigen". Dem tochar. Inf. können die sekundären Kasusaffixe angefügt werden; insbesondere wird der Inf. mit dem Allativaffix im Sinn des deutschen „um—zu" gebraucht.

2. Beide Dialekte verwenden ein Part. Präs. Akt. auf A *-nt* [B *-ñca*], Med. A *-māṃ* [B *-mane*] (beide vom Präsensstamm gebildet), sowie ein in der Diathese indifferentes Part. Prät. auf A *-u*, *-o* [B *-u*, *-au*].

3. Sowohl vom Präsens- wie vom Konjunktivstamm wird je ein Gerundiv gebildet, und zwar in A auf *-l*, in B auf *-lle* (Obl. *-lye*). Ger. I (vom Präsensst.) drückt aus, dass die Handlung geschehen muss, Ger. II (vom Konjunktivst.), dass sie geschehen kann.

Beispiele für Ger. I. Osttocharisch: *(tā)ke arthāntu puk āneṃśi ritwäṣlaṃ* „Es müssen die Bedeutungen alle genau übersetzt werden" (vgl. Präs.Pl.3 *ritw-s-eñc* „sie verbinden") (A 230a1). *tämyo puk kärsnāl wram kh̄ānmuneyo lyalyku ci* „Daher ist jede zu wissende Sache von dir durch Wissen erleuchtet" (vgl. Präs. *kärs-nā-ṣ* „er weiss") (A 249b1). — Westtocharisch: *śaul nemce tärkänälle kreñcepi ste śaumontse*; *mā ste waike weṣṣälle* „Das Leben muss von einem guten Menschen gewiss aufgegeben werden; man darf keine Lüge sagen" (vgl. Präs. *tärka-na-ṃ*, *we-ṣṣä-ṃ*) (133a6). *kärsanälyeṃ wäntarwane snai prayok ka sportotär* „In den zu wissenden Dingen ist er noch ohne Übung" (vgl. Präs. *kärsa-na-ṃ*) (Pe 2b3).

Beispiele für Ger. II. Osttocharisch: *klopasu wrasom mā ontaṃ tmaṃ kälpāl tāk* „ein leidendes Wesen war darin gar nicht auffindbar" (vgl. Konj.Med. *kälp-ā-tär*) (A 63b6). *māski kätkāläṃ ktāṅkeñc tsraṣiñ sāmuddrä* „Den schwer überschreitbaren Ozean überschreiten die Energischen" (vgl. Konj. Pl. 2 *kätk-ā-c*) (A 1b6). — Westtocharisch: *mäksu no ṣamāne ... aletsai aśiyaimeṃ ṣañ ṣarsa trāskalye tsāltalye eñcītär* „Ein Mönch aber, der ... von einer fremden Nonne mit eigner Hand feste [oder] weiche Speise entgegennimmt (Konjunktivst. *trāsk-*, *tsālt-*) (HMR 3a6).

Anm. Vgl. W. THOMAS, *Die tochar. Verbaladjektive auf -l* (= *Dtsch. Ak. d. Wiss. zu Berlin, Inst. f. Orientforsch.* Nr. 9, 1952).

4. Zu jedem der beiden Gerundiva (I und II) kann mittels des Suffixes A *-une* [B *-(äñ)ñe*] ein Verbalabstrakt gebildet werden, das in der Bedeutung ungefähr dem deutschen substantivierten Infinitiv oder den Verbalabstrakten auf *-ung* entspricht. Verbalabstrakta I (vom Ger. I gebildet) sind jedoch in beiden tocharischen Dialekten sehr selten, z.B. westtoch. Abstr. I *tsrelñe* „Trennung" (zu Ger. I *tsrelle*, Präs. *tsretär* „trennt sich"): Abstr. II *tsrālñe* ds. (zu Ger. II *tsrālle*, Konj. **tsrātär*). Ein Bedeutungsunterschied zwischen Abstr. I und II lässt sich nicht genau feststellen. Das tocharische Verbalabstrakt wurde als eine durchaus verbale Kategorie empfunden; demgemäss hängt von dem Verbalabstrakt eines transitiven Verbs im allgemeinen der Obliquus (Akk.), nicht der

Genetiv ab, z.B. B *yerkwantai* (Obl.) *spārtṣlñesa* „durch das Drehen des Rades" (wörtl.: „durch das das Rad Drehen").

5. Nur der westliche Dialekt kennt in lebendigem Gebrauch ein formal meist vom Konjunktivstamm gebildetes Privativum mit einem Negativpräfix und mit dem Ausgang *-tte* (Obl. Sg.m. *-cce*), z.B. *a-kauta-tte* „unspaltbar" zu Konj. *kautaṃ* (Präs. *kautanaṃ*); *eṅ-klyauṣä-tte* „unerhört" zu Konj. (und Präs.) *klyauṣäṃ*. Etymologisch verwandt sind vielleicht Bildungen wie altind. *hantva-* „occidendus", gr. δοτέος.

6. Neben den unter 1-5 aufgezählten festen und regelmässigen nominalen Bestandteilen des tocharischen Verbalsystems gibt es noch zahlreiche andere, weniger eng mit ihm verbundene oder seltener gebrauchte Verbalnomina. Hier sei nur noch auf die Verbaladjektiva auf A *-mo*, *-m* [B *-mo*] hingewiesen, z.B. A *cämpam* und *cämpamo* [B *cämpamo*] „vermögend"; A *kulypam* „verlangend"; A *päknāmo* [B *päknamo*] „beabsichtigend"; B *ynamo* „gehend", *lyukemo* „leuchtend". Hierher gehört formal wohl auch A *śom* „junger Mann" [B *śaumo* „Mensch"], falls Ableitung zu Wz. A *śo-* [B *śau-*] „leben" vorliegt.

f) Grundverb und Kausativ

Jedes tocharische Verbalparadigma zerfällt grundsätzlich in zwei Hauptteile, Grundverb und Kausativ, und zwar über sämtliche finite und infinite Formenkategorien hin. In keiner anderen indogerman. Sprache ist diese Zweiteilung so streng und so klar durchgeführt.

Die Kausativbildungen des Präsens sind im Westtochar. vor allem durch ein Suffix *-sk-* (erweichte Form *-ṣṣ-*), Präs. IX, gekennzeichnet. Beispiele: *tsälpetär* „wird erlöst": *tsalpäṣṣäṃ* „bringt zur Erlösung", „erlöst" (1.Sg. Kaus. *tsalpäskau*); *kättaṅkäṃ* „überschreitet": *śatkäṣṣäṃ* „lässt überschreiten"; *kälpäskau* „ich erlange": *kalpäskau* „lasse erlangen". Inf. Grundv. *tsälpätsi*: Kaus. *tsalpästsi*; *katkatsi*: *katkässi*; *källātsi*: *kalpästsi*. Prät. Grundv. *tsälpāsta* „du bist erlöst worden": Kaus. *tsyälpatai-me* „du hast uns erlöst"; *śätkāwa* „ich habe überschritten": *śātkamai* „ich habe überschreiten lassen". Part. Prät. Grundv. *paspārttau* „sich gedreht habend": Kaus. *peṣpirttu* „gedreht habend"; *kakkāccu* „sich gefreut habend": *kakātkäṣṣu* „in Freude versetzt".

Seltener wird das westtochar. Kausativpräsens mittels des Suffixes *-s-* (erweicht *-ṣ-*), Präs. VIII, gebildet: *pläṅketär* „kommt zum Verkauf": Kaus. *plaṅkṣäṃ* „verkauft" (3.Pl. *plaṅkseṃ*).- *tsmetär* „wächst": *tsamṣäṃ* „lässt wachsen".

Einige Verba, vor allem solche mit wurzelauslautendem *-k*, weisen eine doppelte Kausativbildung mit verschiedener Bedeutung auf, z.B. Grundv.

wiketär „schwindet": Kaus. VIII *wikṣäṃ* „vermeidet": Kaus. IX *wikäṣṣäṃ* „entfernt".

Der zwiefachen Kausativbildung des Westtocharischen (Kaus. VIII *-s-*, Kaus. IX *-sk-*) steht im Osttocharischen eine im wesentlichen einheitliche Kausativbildung mit dem Präsensstamm auf *-s-* (erweicht *-ṣ-*) gegenüber. So westtochar. Kaus. *tsalpäskemane* „erlösend": osttochar. *tsälpäsmāṃ*; westtochar. *kātkäskemane* „erfreuend": osttochar. *kātkäsmāṃ* usw. Daher kennen im Osttochar. auch die Wurzeln auf *-k* nur eine einzige Präsensbildung des Kausativs mittels des Suffixes *-s-*: B *wikäskeṃ* „sie entfernen": A *wikseñc* usw.

Das Präteritum der Kausativa zeigt im Osttocharischen stets Reduplikation, z.B. A *cacäl* (Wz. *täl-* „aufheben", „tragen"), *raritu* (Wz. *ritw-* „verbunden sein"), *papyutäk* (Wz. *pyutk-* „zustande kommen") usw. Demgegenüber fehlt im Westtochar. beim Kaus.Prät. die Reduplikation; stattdessen zeigt der Wurzelvokal Länge bzw. Diphthong, z.B. B *cāla, raitta, pyautka*. Dabei handelt es sich bei dem *-ā-* des Typs *cāla* um eine sekundäre Länge, die nicht der durch den Akzent verursachten Vokalschwächung (S. 11) unterliegt. Vielleicht ist diese sekundäre Längung bzw. Diphthongierung ähnlich zu erklären wie bei dem Gegensatz der gotischen Präteritalbildung von den Typen **haihald* „hielt", *lailaik* „sprang", **haihlaup* „lief" gegenüber altnord. *helt* (ahd. *hialt*), altnord. *hljóp* (ahd. *liof*) usw. Vgl. W. SCHULZE, *Kl. Schr.*, S. 239 ff.; W. KRAUSE, *Westtoch. Gramm.*, § 171.

g) Personalendungen

Die tochar. Personalendungen beider Dialekte lassen sich durchweg unmittelbar oder mittelbar auf die auch sonst bekannten indogerman. Endungen zurückführen, wenn auch einzelne tochar. Endungen nicht eindeutig zu erklären sind.

Auf die charakteristischen medialen *-r-* Endungen ist bereits oben (S. 22) hingewiesen worden.

Die aus den Verhältnissen im Indo-Iranischen, Griechischen und Italischen erschlossene Verteilung der indogerman. sogenannten Primär- und Sekundärendungen gilt für das Tocharische nicht, ebensowenig aber auch die völlig andere Verteilung jener beiden Klassen in den keltischen Sprachen (absolute und konjunkte Flexion). Die Verteilung der primären und sekundären Endungen im Tochar. ist mindestens zum Teil ziemlich jung, weil sie im Osttochar. anders als im Westtochar. erfolgt. So weist die 3.Pl.Präs.Akt. im Osttochar. auf die alte Primärendung *-nti*, z.B. A *sälpiñc* „sie glühen" (mit *iñc* < *-n̥ti*), während die entsprechende

Endung im Westtochar. auf die Sekundärendung *-nt* deutet, z.B. *salpeṃ* (mit *-eṃ* <*-ont*).

Die westtochar. Endung *-mai* der 1.Sg.Prät.Med. (z.B. *paikāmai* „ich habe geschrieben") möchte man etymologisch nicht von der griechischen Primärendung -μαι trennen.- Demgegenüber steht die Endung der 3.Sg.Prät.Med. A *peka-t* [B *paikā-te*] (idg. *-to*) an der zu erwartenden Stelle, und die endungslose Form der westtochar. 3.Sg. Ipf. und Opt. (z.B. *yamaṣṣi* „er machte", Opt. *yāmi*) deutet gewiss auf die indogerman. Sekundärendung *-t*, die im absoluten Auslaut im Tochar. ausfallen musste.

Besonders bemerkenswert ist die Endung der 3.Sg.Präs., Konj. und Opt.Akt. im Osttocharischen, z.B. *lkā-ṣ* „er sieht", *śmä-ṣ* „wird kommen", *yāmi-ṣ* „er möge machen": Es scheint sich hier ursprünglich um die Endung der 2.Sg.idg. *-si* zu handeln, die also hier auf die 3.Sg. übertragen ist, während die ursprüngliche Endung der 2.Sg. durch die Perfektendung idg. *-tha*, osttochar. *-t* (z.B. *lkā-t* „du siehst") ersetzt ist, um die Endungen der 2. und 3. Person aufs neue zu differenzieren. Vgl. dazu die Übertragung der Endung der 2.Sg. *-r* auf die 3.Sg. im Altnordischen, z.B. *brýtr* „du brichst" und „er bricht", die englische Endung *-s* der 3.Sg. Präs. (*make-s*), die ursprünglich der 2.Sg. zukam (dafür 2.Sg. auf *-st* durch Anfügung der alten Perfektendung, ähnlich wie im Osttocharischen) und noch mehrere andere Parallelfälle (W. Krause, *KZ* 69, S. 155 ff.). Das Westtocharische hat dagegen die Endung der 3.Pl. auf die 3.Sg. übertragen, z.B. *ṣamä-ṃ* „er sitzt" nach *ṣame-ṃ* „sie sitzen": Nur der wechselnde Themavokal (westtoch. *ä*<idg. *e*, westtoch. *e* < idg. *o*) differenziert die beiden Formen.

Bemerkenswert ist auch die Endung der 2.Sg.Ipv.Med., z.B. osttoch. *purpā-r*, westtoch. *purwa-r* „geniesse!": Es handelt sich hier vermutlich um eine altertümliche nominale Bildung, zu der wohl auch der Typus altlat. *pakari* gehört (*Westtochar. Gramm.*, § 204).

6. *Analytische Ausdrucksweise*

Insgesamt wirkt der Bau der tocharischen Sprache im Gegensatz zu den altindogermanischen Sprachen in mancher Hinsicht ausgeprägt analytisch, vor allem auf dem Gebiet des Nomens und Pronomens, aber auch gelegentlich im Bereich des Verbs.

Für den nominalen Aufbau ist es charakteristisch, dass in erheblichem Umfang jeder einzelnen logischen Kategorie auch eine besondere sprachlich-formale entspricht: Viele Suffixe und Endungen sind ausgesprochen monofunktional, nicht, wie im Altindogermanischen, polyfunktional.

Daraus ergibt sich ein zwar äusserlich sehr klarer und durchsichtiger, aber zugleich oft schwerfälliger Wortaufbau.

Man nehme ein Wort wie westtochar. *cämp-am-ñe-tstse* „hochmögend" (besonders in der Anrede an vornehme Personen gebraucht): Dies Wortgefüge lässt sich unmittelbar in seine Bestandteile zerlegen: An die Verbalwurzel *cämp-* „vermögen" tritt zunächst das Verbaladjektiva bildende Suffix *-m-* (*cämpamo* „vermögend"), daran das Abstraktsuffix *-(ñ)ñe-* (*cämpamñe* „Vermögen"), daran schliesslich das den Besitzer kennzeichnende Adjektivsuffix *-tstse* (also *cämpamñetstse* wörtlich „ein Vermögen Habender").

Der analytische Charakter der tocharischen Deklination zeigt sich deutlich in der Verwendung von Affixen oder Postpositionen zur Bezeichnung der sekundären Kasus (oben S. 17). Dass diese Postpositionen mindestens von dem westtocharischen Sprecher noch als mehr oder weniger eigenständige Gebilde empfunden wurden, wird durch den Umstand erwiesen, dass diese Kasusaffixe im Westtochar. im allgemeinen keine Vokalschwächung in der ersten Silbe des zugehörigen Substantivs hervorrufen. So lautet zu B *āke* „Ende" zwar der Gen. Sg. *akentse*, weil das Genetivzeichen *-ntse* eine wirkliche, fest mit dem Stamm verschmolzene Endung im Sinne der indogermanischen Grammatik ist. Bei den sekundären Kasus tritt aber keine Vokalschwächung ein, z.B. Lok. *āke-ne*, Perl. *āke-sa*; nur beim Ablativ findet sich neben dem Typus *āke-meṃ* öfter *akemeṃ* (mit Vokalschwächung).

Demgegenüber ist es für unser Sprachgefühl eigenartig, dass die den Verbalformen anhängbaren Objektspronomina stets Vokalschwächung bewirken, also ihre Eigenständigkeit verloren haben; z.B. B *ākeṃ* „sie führen": *aken-ne* „sie führen ihn".

Für die lockere Anfügung auch gewisser Suffixe zeugt die Tatsache, dass diese Suffixe nicht nur, wie sonst üblich, an den reinen Stamm, sondern auch an die Pluralform antreten können. So kann z.B. zu westtochar. *lakle* „Leid" mittels des Suffixes *-ṣṣe* ein Adjektiv gebildet werden, wobei dies Suffix nicht nur an den Singularstamm (*läkleṣṣe*), sondern auch an den Plural angehängt werden kann: *läklentaṣṣe cākkär* „das Leidensrad", „das Rad der Leiden" (B 11a7).

Eine Häufung von Suffixen findet sich in dem folgenden osttochar. Beispiel, das zwar nicht unmittelbar belegt, aber völlig normal gebildet ist: *ākär-aś-n-um-in-ān-ac*. Hierin ist *ākär* „Träne" erstes Kompositionsglied; *aś-* „Auge" (Sg. *ak*); *-n-* Paralzeichen (*aśäṃ* = *aśän* „die beiden Augen"); *-um-* Adjektivsuffix (*aśnum* „die beiden Augen habend"); *-in-* feminine Movierung (*aśnumiṃ* „eine, die die beiden Augen hat"); *-ān-*

Endung des Obl.Sg.f.; *-ac* Allativaffix; das Ganze mithin „zu einer, die beide Augen voll Tränen hat".

Innerhalb des Verbs zeigt sich die analytische Ausdrucksweise darin, dass man in beiden Dialekten gern zu verbalen Umschreibungen greift. Das gilt nicht nur für die oben S. 24 erwähnten periphrastischen Tempora vom Typus B *kekamu nesau* „ich bin gekommen", sondern auch für die Umschreibung gewisser transitiver Verbalausdrücke mittels modal verwandter Verba (vor allem „machen") in Verbindung mit nominalen Wendungen. Beispiele: Osttochar. *kākropunt nu niṣpalntu* ... *śtwar pāk yāmitär* „Die angehäuften Schätze aber möge er ... vierfach teilen" (wörtl. „möge er viertel machen") (A 3a3). — Westtochar. *waike lāre yāmtär* „wenn er die Lüge liebt" (wörtl. „lieb macht") (B 78b5). *pelaiknentane śtwāra toṃ ākli yamītär* „in den vier Gesetzen möge er lernen (wörtl. „Lernen machen") (B 23a4).
In beiden Dialekten wird der Begriff „erinnern an" (Aktiv) bzw. „sich erinnern an" (Medium) durch eine Verbindung wiedergegeben, die man etwa mit „in Erinnerung bringen" übersetzen kann: A *opyāc käl-*, [B *epiyac käl-*].

IV. DIE SPRACHLICHE STELLUNG DES TOCHARISCHEN

A. Ost- und Westtocharisch

Ost- und Westtocharisch sind in dieser Übersicht bisher als Dialekte bezeichnet worden. In der Tat sind sich beide in ihrem Lautstand so gut wie völlig gleich, sodass die buddhistischen Missionare ohne weiteres das gleiche Alphabet für beide verwenden konnten.

Im Wortschatz herrscht zwischen Ost- und Westtocharisch im Bereich des Verbs ebenfalls weithin Übereinstimmung, während in den übrigen Wortklassen teilweise· beträchtliche lexikalische Unterschiede hervortreten, auch bei einigen der geläufigsten Begriffe, z.B. A *wram*: B *wäntare* „Ding", „Sache"; A *wrasom*: B *onolme* „Lebewesen"; A *napeṃ*: B *śaumo* „Mensch" (das dem westtoch. *śaumo* etymologisch entsprechende osttoch. *śom* bedeutet „junger Mann"); A *nätäk*: B *saswe* „Herr"; A *yäslu*: B *sāṃ* „Feind"; A *lap*: B *āśce* „Kopf"; A *tsmār*: B *witsako* „Wurzel"; A *klop*:B *lakle* „Leid"; A *oklop*: B *sanu* „Gefahr".- A *tsopats* :B *orotstse* „gross"; A *mkälto*:B *lykaśke* „klein"; A *kāpñe*:B *lare* „lieb".- A *śkaṃ*:B *ṣpä* „und"; A *nāpak*:B *postäṃ* „nach".- Dazu die in beiden Dialekten meist verschiedenen Kasusaffixe (oben S. 17).

Bei den Flexionsendungen überwiegen im Bereich des Verbs die Übereinstimmungen, beim Nomen die Verschiedenheiten.

Bei all dem mag ein Angehöriger des Agni-Reiches in der Unterhaltung einen Bewohner von Kučā mit einiger Mühe haben verstehen können, etwa so, wie sich heutzutage ein Däne mit einem Schweden verständigen kann.

Dazu kommt, dass Ost- und Westtocharisch, ungeachtet ihrer gegenseitigen Unterschiede, zusammengenommen sich als eine ausgeprägte sprachliche Einheit allen übrigen indogermanischen Sprachen gegenüberstellen.

Das Tocharische ist nun zwar im Kern eine indogermanische Sprache, lässt aber durch gewisse Eigentümlichkeiten, besonders im Wortschatz (vgl. S. 10) sowie in der nominalen und pronominalen Flexion (vgl. S. 17) Einflüsse eines nichtindogermanischen Idioms vermuten.

B. Die indogermanische Komponente

Dass das Tocharische zu der Kentum-Gruppe des Indogermanischen gehört, ist oben (S. 2) bereits erwähnt worden. Die indogerman. Palatale erscheinen als einfache Velare, z.B. A *känt* [B *kante*] „hundert" (idg. **k'm̥tom*); AB Wz. *kän-* „zustandekommen" (idg. *ǵen-* „geboren werden"); A *tsek-* [B *tsaik-*] „bilden" (idg. *dheiǵh-*).- Die indogerman. Labiovelare erscheinen in einigen Fällen als *k͡ᵤ* bzw. *kw* (z.B. B *k͡ᵤse* „wer" (zu lat. *quis* usw.); B *walkwe* „Wolf" (< **ul̥qᵘos*)), häufiger jedoch als reine Velare, wobei sich die labiale Komponente z.T. noch in der labialen Färbung des benachbarten Vokals zeigt: A *kus* „wer" (aber B *k͡ᵤse*); A *kukäl* [B *kokale*] „Wagen" (zu ags. *hweogol* „Rad" usw.); A *kumnäṣ* „er kommt" (idg. Wz. **gᵘem-*). Ohne Labialisierung z.B. A *pkäṣ* [B *pakṣäṃ* „er kocht" (idg. Wz. **peqᵘ-*); B *kele* „Nabel" (idg. **qᵘolos*); B *känmaṣṣäṃ* (gegen A *kumnäṣ* „er kommt". — Sowohl die aus indogerman. Palatalen wie die aus Labiovelaren hervorgegangenen *k*-Laute des Vortocharischen können, zunächst offenbar nur vor hellem Vokal, zu *ś* palatalisiert werden, z.B. B *ākeṃ* (vortoch. **aǵ-o-nt*) „sie führen": 3.Sg. *āśäṃ* (vortoch. **aǵ-e-nt*); A *ak* [B *ek*] „Auge" (idg. **oqᵘ-*): Par. A *aśäṃ* [B *eśane*]; A *śtwar* [B *śtwer*] „vier" (idg. **qᵘetu̯ores*); B *śem* „er kam" (vgl. o. S. 24).

Stellt sich das Tocharische somit auf die westliche Seite des Urindogermanischen, so weist es mit den medio-passiven *r*-Endungen auf dessen Südgruppe. Ein Präsensparadigma wie A *wärpnāmär* [B *wärpnāmar*] „ich geniesse", 2. *wärpnātär* [B *wärpnātar*], 3. A B *wärpnātär*, Pl. 1 A B *wärpnāmtär*, 2. A *wärpnācär* [B *wärpnātär*], 3. A B *wärpnāntär* zeigt schon auf den ersten Blick eine grundsätzliche Ähnlichkeit mit der lateinischen oder mit der altirischen Konjugation. Doch gehören zu dieser Südgruppe des Indogermanischen auch noch das Hethitische, das Phrygische und wahrscheinlich das Armenische. Die westliche Kentum- und die südliche *r*-Gruppe überschneiden sich also.

Im übrigen weist das Tocharische gewisse engere Beziehungen zu einigen indogermanischen Einzelsprachen auf.

Die Bedeutung bestimmter deiktischer Elemente für die Bildung der tochar. Demonstrativpronomina hat eine Parallele besonders im Armenischen, wo das Demonstrativum unter den drei deiktischen Abarten *ay-s, ay-d, ay-n* auftritt. Die hier verwendeten deiktischen Partikeln *-s* und *-n* finden sich auch im Tocharischen: A *sä-s, sa-ṃ* [B *se-ṃ*].- Auch die Bedeutung des Suffixes *-l-* für die Bildung von Verbalnomina (oben S. 26) treffen wir im Armenischen wieder: So lässt sich das tocharische Gerundiv auf A *-l* [B *-lle*] mit den armen. *l*-Bildungen wie *sirel* „lieben" und *sireli* „liebenswert" vergleichen.

Aber auch in den slawischen Sprachen spielt das *l-* Suffix zur Bildung eines Verbaladjektivs (Partizips) bekanntlich eine grosse Rolle, z.B. ab. *neslъ jesmь* „ich habe gebracht", russ. *delal* „machte" usw.

Die Verwendung eines Adjektivs anstelle des possessiven Genetivs ist zwar ausser im Tocharischen, zumal bei patronymischen Bildungen, in mehreren indogerman. Sprachen bekannt, findet sich aber vorzugsweise im Baltischen und Slawischen. Man vergleiche z.B. eine Ausdrucksweise wie westtoch. *Dharmasomäññe Udānālaṅkārne* „in dem Udānālaṅkāra des Dharmasoma" (oben S. 19) mit russischen Wendungen wie *na gubernatorskom obede* „an der Tafel des Gouverneurs".

Eine eindeutige Beziehung zwischen Tocharisch und Baltisch-Slawisch liegt in der gemeinsamen Infinitivendung vor: toch. *-tsi* (mit *ts*<*t*), balt.-slaw. *-ti*.

Besonders mit dem Baltischen stimmt das Tocharische überein in der Bildung der meisten Präterita auf *-ā* (lit. *-ō*), z.B. westtoch. *takāwa* „ich bin gewesen", 2. *takāsta*, 3. *ṭāka* (*takā-ne*) usw., parallel lit. *buvaũ, buvaĩ, bùvo*.

Eine engere Beziehung des Tocharischen zum Germanischen ist nicht nachweisbar: Die Wortgleichung westtoch. *laks* „Fisch" = urgerm. **laksaz* „Lachs" verliert ihren Wert, da sich das Lachswort auch in osset. *läsäg* „Lachs" wiederfindet (vgl. W. Krause, *Zum Namen des Lachses, NGAW*, phil.-hist. Kl., Jg. 1961, Nr. 4).

Unsicher ist, ob sich engere Beziehungen zwischen dem Tocharischen und dem Hethitischen nachweisen lassen. Einige Übereinstimmungen im Wortschatz können trügen: Osttoch. *tsar* [westtoch. *ṣar*] = heth. *keššar* „Hand"; osttoch. *tkaṃ* = heth. *tekan* „Erde"; osttoch. *kaṣt* [westtoch. *kest*] = heth. *kašt* „Hunger"; toch. *yok-* = heth. *eku-* „trinken"; osttoch. *ya-ṣ* = heth. *ii̯a-zi* „er macht", wozu vielleicht auch lyk. *adẽ* „hat gemacht" (H. Pedersen, *Lyk.-Hitt.* [= *Det Danske Videnskab. Selsk. meddel.*, fil.-hist.kl. XXX Nr. 4 Kopenh. 1945], § 49); toch. *pärs-* = heth. *papparš-* „besprengen". Auf dem Gebiet der Lautlehre stimmen Tocharisch und Hethitisch in der Verschiebung aller Artikulationsarten der Verschlusslaute zur Tenuis überein; doch lässt das Hethitische noch Spuren der alten Media erkennen. — Schliesslich hat P. Kretschmer, *Anz. d. Wiener Ak. d. Wiss.* hist.-phil.Kl. 1950, S. 545 ff., auf die mögliche Verwandtschaft der osttocharischen Pluralendung *-ant* (z.B. *el-ant* „Gaben", *klop-ant* „Leiden", *wärt-ant* „Wälder") mit einem hethitischen Suffix *-ant* aufmerksam gemacht, das teils Kollektiva bildet, teils keinen erkennbaren Funktionsunterschied gegenüber dem Singular zeigt. Vgl. dazu weiter W. Krause, Μνήμης Χάριν Gedenkschrift P. Kretschmer I, 1956, S. 189 ff.

Auf jeden Fall scheint es, dass die Vorfahren der zentralasiatischen Tocharer sprachliche Beziehungen sowohl zu der südindogermanischen *r*-Gruppe wie zu den nachmalig baltischen Sprachen gehabt haben.

Man kann freilich diese zweiseitigen sprachlichen Beziehungen auch so auslegen, dass die Berührungen mit der südindogermanischen *r*-Gruppe zu einer anderen Zeit stattfanden als die mit dem Baltischen, dass also die Vorfahren der zentralasiatischen „Tocharer" auf ihrem Wanderweg erst mit der einen, dann mit der anderen Sprachgruppe in ein nachbarliches Verhältnis gekommen wären.

Neben diesen wahrscheinlich sehr alten Beziehungen stehen solche Züge, die das Tocharische erst in verhältnismässig jüngerer Zeit, nämlich nach der Ankunft der tocharisch sprechenden Stämme am Westrand des Tarimbeckens, unter dem Einfluss der im Westen anstossenden iranischen Sprachgruppen angenommen hat. Dazu gehört vor allem die Aufgabe der Komparation des Adjektivs (s.o. S. 19), wie sie sich innerhalb des Iranischen insbesondere im Afghanischen [1]) angebahnt hat: Hier wird der Begriff des Komparativs — ganz ähnlich wie im Tocharischen — durch den Positiv des Adjektivs in Verbindung mit den ablativische Funktion bewirkenden Präpositionen *la* oder *tar* + Subst. im Ablativ ausgedrückt, z.B. *spuk la baṇa* „leichter als eine Feder". Beim Superlativ wird noch ein Ausdruck für „all" hinzugefügt: vgl. westtoch. *posa lare* „liebster" (eigtl. „über alles lieb"); vgl. GEIGER, *Grundr. der iran. Phil.* I, 2, S. 216. Für die weite Ausstrahlung des ostiranischen Spracheinflusses nach Osten spricht auch die Tatsache, dass sogar noch das Burušaski, jenes eigenartige, anscheinend sprachlich völlig isoliert dastehende Idiom im äussersten Westen des Karakorum, genau die gleiche Ausdrucksweise für Komparativ und Superlativ verwendet (LORIMER, *The Burushaski Language* I [1935], S. 120). Im Wortschatz sind vor allem Kulturwörter entlehnt wie A *āmāc* [B *amāś*] „Minister" = sak. *āmāca*; A *ratäk* [B *retke*] „Heer" = mp. **ratak* „Reihe"; A *porat* [B *peret*] „Beil" = oss. *färät*; A B *amok* „Kunst" = parth. *'mwg* „Lehre"; B *postak* „Buch" = soghd. *pwstk*; A *parām̥* [B *perne*] „Glanz", „Würde" = soghd. *frn* (vgl. O. HANSEN, *ZDMG* 93, S. 139 ff.). Auffällig ist die Entsprechung A *puk* „omnis" = šughnī *fuk*.

C. Die nichtindogermanische Komponente

Eine nichtindogermanische Komponente des Tocharischen [2]) zeigt sich besonders im Wortschatz und in dem weithin analytischen Sprachbau. Die für alle Numeri gleichen, nur sehr locker angehäuften Affixe der

---

[1]) Dagegen besitzen sowohl das Sakische wie das Soghdische noch die altererbten Komparativ- und Superlativsuffixe.

[2]) Vgl. W. KRAUSE, *KZ* 69, S. 185. Unsichere Vergleiche mit dem Tibetischen E. HERMANN, *KZ* 50, S. 309 ff.; E. SAPIR, Lg. 12, S. 259 ff.

sekundären Kasus erinnern an die entsprechenden Verhältnisse in einer Reihe von agglutinierenden Sprachen. Der zweistöckige Aufbau der tocharischen Deklination (oben S. 16f.) hat eine ziemlich genaue Parallele in den heutigen arischen Sprachen Indiens. Man vergleiche etwa das System von osttoch. Sg.N. *käṣṣi* „Lehrer", Obl. *käṣṣiṃ*, Lok. *käṣṣin-aṃ*, Pl.N. *käṣṣiñ*, Obl. *käṣṣis*, Lok. *käṣṣis-aṃ* mit hindust. Sg.N. *beṭā* „Sohn", Obl. *beṭe*, Lok. *beṭe-meṃ*, Pl.N. *beṭe*, Obl. *beṭoṃ*, Lok. *beṭoṃ-meṃ*. Dass hier, im Hindustani, ein nichtindogermanisches Idiom, nämlich der Bau der Dravidasprachen, Einfluss gewonnen hat, liegt auf der Hand, und so möchte man per analogiam auch für den Bau der tocharischen Deklination ein fremdes Substrat verantwortlich machen. Denn wenn sich auch gewisse Ansätze zur Ausbildung von Kasusaffixen anstelle echter Endungen in solchen indogermanischen Sprachen finden, in denen mit dem Einfluss eines agglutinierenden Idioms keinesfalls zu rechnen ist (vgl. engl. *my brother-in-law's house*, dän. *far og mors bryllupsdag*, schwed. *fåglarnas sång* u.dgl.), so hat sich in diesen Sprachen doch nirgends ein so geschlossenes System gebildet wie im Tocharischen, im Hindustani oder im Ossetischen (vgl. z.B. oss. *läg-mä* „zu dem Manne", Pl. *lägtä-mä* unter dem Einfluss des kaukasischen Sprachbaus).

Einigermassen sicher ist also die Vermutung, dass jenes nichtindogermanische Substrat des Tocharischen in einer agglutinierenden Sprache zu suchen ist. Weil aber die meisten Sprachgruppen der Erde zu diesem Typus gehören, ist die Wahl schwierig. Wir müssen nach weiteren Übereinstimmungen suchen.

Wie wir uns auch dann noch täuschen können, zeigt eine weitere Beziehung des Tocharischen zu der dravidischen Sprachgruppe: Diese kennt nicht nur, wie vorhin bereits angedeutet, die Agglutination, sondern teilt die Substantiva in zwei Hauptklassen, die höhere Klasse (Götter, Dämonen und Menschen) und die niedere (Tiere und unbelebte Dinge), also ganz ähnlich, wie im Tocharischen die Unterscheidung von vernunftbegabten Wesen auf der einen Seite, nichtvernunftbegabten Wesen und Dingen auf der anderen Seite für die Obliquusbildung entscheidend ist. Aber hier kann es sich doch wohl nur um eine rein typologische Übereinstimmung, nicht um eine historische Beziehung handeln; denn wer wollte annehmen, dass die Vorfahren der Dravidas irgendwann einmal Nachbarn der Vorfahren der zentralasiatischen „Tocharer" gewesen seien?

Da das Alttürkische, abgesehen von der agglutinierenden Deklination, keine weiteren Berührungen mit dem Tocharischen aufzuweisen scheint, kommen für das nichtindogermanische Substrat des Tocharischen unter den uns bekannten Sprachen bzw. Sprachgruppen nur das Finno-

Ugrische und die nördlichen und zentralen Gruppen der Kaukasussprachen in Frage.

Eine Eigentümlichkeit, auf die zuerst W. SCHULZE aufmerksam gemacht hat (*Kl. Schriften*, S. 248 ff.), ist der tocharische Kompositionstypus A *ak-mal* „Auge-Nase" = „Gesicht" (dafür in B das einfache Wort *särwāna*). Ähnliche Komposita sind noch z.B. A *ñom-klyu* [B *ñem-kälywe*] „Name-Ruhm" = „Ruhm", A *mrāc-śpāl* „Scheitel-Haupt" = „Kopf", B *maim-palsko* „Messen-Denken" = „Überlegung". Derartige Doppelbildungen mit einheitlicher Bedeutung sind nun auch in den finno-ugrischen Sprachen nicht selten, besonders für den Begriff „Gesicht", z.B. ung. *orca* (*orr* „Nase", *száj* „Mund"), ostjak. *ńot-sēm* („Nase-Auge"), estn. *sū-silmat* („Mund-Augen").

Aber auch die kaukasischen Sprachen kennen, wenn auch anscheinend in geringerer Häufigkeit, ähnliche Doppelbildungen. K. BOUDA, *Caucasica* X (1932), S. 95 ff. führt u.a. folgende Zeugnisse mit der Bedeutung „Gesicht" an: Avar. *ber-ḳal* („Auge-Mund"), bacisch *marlº-baki* („Nase-Mund"), kabardin. *na-pe* („Auge-Nase").

Es ist also möglich, dass entweder die finno-ugrischen oder die Kaukasussprachen oder beide in diesen Bildungen sowie in der agglutinierenden Kasusrektion auf eine Vorstufe des Tocharischen eingewirkt haben. Für das Kaukasische könnte insbesondere der Umstand sprechen, dass auch das Ossetische, also eine mitten zwischen Kaukasusvölkern gesprochene iranische Sprache, nicht nur agglutinierende Kasusbildung (s.o.) zeigt, sondern auch den Begriff „Gesicht" durch *cäs(t)-kon* („Auge-Mund") wiedergibt (BOUDA, *a.a.O.*). In diesem Zusammenhang mag auch angemerkt werden, dass das westtochar. Wort *witsako* „Wurzel" eine etymologische Entsprechung nur in oss. *widag* zu haben scheint (briefliche Mitteilung von K. BOUDA).

Schliesslich muss man aber auch damit rechnen, dass die uns nur durch einige wenige Eigennamen (s. oben S. 4) angedeutete vortocharische Sprache des Tarimbeckens die Sprache der später in jenes Gebiet einrückenden indogermanischen „Tocharer" beeinflusst haben kann. Ob das die einheimische Sprache der Wusun (oben S. 8) war, ahnen wir nicht.

Es ist im übrigen durchaus möglich, dass wir im Tocharischen mit der stufenweisen Einwirkung mehrerer nichtindogermanischer Sprachen zu rechnen haben. Dass die Vorfahren der zentralasiatischen „Tocharer" einstmals auf ihrer Wanderung mit Kaukasusvölkern in Berührung gekommen sind, ist von vornherein sehr wahrscheinlich. Doch erscheint es auch nicht ausgeschlossen, dass sie einst auf ihrem Zug gen Osten an der Südflanke finno-ugrischer Völker vorübergewandert sind.

V. TEXTPROBEN

Zur Veranschaulichung der in den vorhergehenden Abschnitten behandelten Spracheigentümlichkeiten des Tocharischen folgen nunmehr zwei kurze Textproben, für jeden der beiden Dialekte eine. Dabei sind solche Texte ausgewählt worden, die einigermassen vollständig überliefert sind und einen leicht verständlichen erzählenden Inhalt aufweisen, andererseits bisher noch nicht übersetzt worden sind.

Dem osttocharischen Text ist zunächst eine wort- bzw. formengetreue Interlinearübersetzung beigefügt, damit der Leser auch auf diesem Wege einen unmittelbaren Eindruck vom Bau der fremden Sprache gewinnt. Danach folgt eine freie Übersetzung zum Verständnis des Inhalts. Bei dem westtocharischen Text schien eine einzige Übersetzung zu genügen, die etwa die Mitte zwischen wörtlicher und freier Übersetzung hält. Beiden Textproben sind grammatische Anmerkungen beigefügt.

Der Versuch, die ersten Sätze des osttochar. Textes ins Westtocharische zu übertragen, soll dem Leser einen ungefähren Begriff davon vermitteln, inwieweit die beiden tocharischen Dialekte einander praktisch ähneln.

A. Osttocharisch (A 395)

waṣtä lmo[1] *ṣñi śn-ac*[2] *we*[3] : *klyomiṃ*[4] *mar täpreṃ*
Haus Gesessener sein Ehefrau-zu sagte: Edle! Nicht doch so sehr
Priyadatteṃ kāpñe se ṣurm-aṣ klopaṃtsuts[5] *mäskatär*[6]. *puk*
Priyadatta geliebten Sohn Grund-aus leidenvolle bist! Alle
wramäṃ[7] *ṣäpn-ā*[8] *nāpak mā mäskanträ. ṣñikek wasäṃ se*
Dinge Traum-bei gemäss nicht sind. Vielmehr unser Sohn
ṣokyo patatam, neṣ cmolwā-ṣinās[9] *krant pñintwāśśi*[10] *plyāk*
sehr glückhaft(?), früher-geburten-iger guter Verdienste sichtbar
ṣotre prant[11]. *ṣak atsek cam*[12] *ñäktañ*[13] *pāsaṃträ-ṃ*[14]. *ñätsey-ac*
Merkmal tragend. Gewiss ihn Götter schützen-ihn. Not-zu
mā kumnäṣ[15]. *täm-yo pältsk-äṣ*[16] *tsrucaṃ klop sañce*
nicht kommt (er). Das-durch Denken-aus in kurzem Leid Zweifel
wikāluney-aṃ[17] *kälkā-ṃ*[18].
Schwinden-in ging-ihr.

tsrucäṃ konäśśi[19] *kätkāluney-ā*[20] *cem*[21] *Priyadattes nāpak*
In kurzem der Tage Vorübergehen-bei die Priyadattas hinterher
kälkoṣ[22] *manärkāñ Sāket riy-ac yeñc*[23]. *Priyadattes*
gegangenen Brahmanenknaben Sāketa Stadt-zu gingen. Priyadattas
eṃtsālune Prasenaji lānt-ac[24] *wālune*[25] *mācri pācri pkāk*[26]
Festnahme Prasenajit König-zu Führung Mutters Vaters vollständig
ākṣiñār[27].
kündeten.

täm kaklyuṣur-äṣ[28] *cem Priyadattes pācar mācar cam klop-yo*
Das Gehörtes-von die Priyadattas Vater Mutter den Schmerz-durch
ime crakär[29]. *trikoṣ* - - - - - - - *(mā o)ntaṃ*
Besinnung gaben auf. Verwirrt nicht irgendwie
ime kälwānt[30]. *śertmāṃ*[31] *kāltaṅk tāsmāṃ ṣñi kotär kāmar*[32]
Besinnung erlangten. Weinend Klage anstellend ihre Familie sogleich
kropant ālykes[33] *śkaṃ māk wras-aśśäl*[34] *Sāket-äṣ pre*
sammelten andere (und) auch viele Lebewesen-mit Sāketa-aus fort
lcrä[35], *Śrāvasty-ac ysi*[36] *osānt*[37]. - - - - - - - - - *klāṅkoṣ Kausal-ṣiṃ*
gingen, Śrāvastī-zu gehen begannen. Streitend Kausala-
wärt-aṃ ane tsalpar[38]. *tm-äṣ āsuk ysi kuc-yärm-aṃ*
Wald-in hinein gingen hinüber. Das-von hindurch gehen was-Mass-in
mā campär. pälskānt: kupre Śrāvasti riy-aṃ anne ymäs?
nicht konnten. Dachten: Ob Śrāvastī Stadt-in hinein wir gehen?
ṣakk atsek - - - - - - - - *(ñä)tse klāṣä-m*[39]. *täm-yo cam*
Gewisslich Gefahr wird uns bringen. Das-durch den
Kausal-ṣiṃ wärt āssuk mā katkar.
Kausala- Wald hindurch nicht überschritten.
māṃt-ne[40] *nimittājñes brāmnāśśi Śrāvasti riy-ā pre*
Sobald vorzeichenkundiger Brahmanen Śrāvastī Stadt-bei vor
säm maṇḍal plyocksā-m[41], *tmä-k* - - - - - - *(manä)rkāṃ cam*
der Zauberkreis trat hervor-ihnen, das eben den Knaben den
maṇḍl-ac kātse wānta-ṃ. täm-ne-k päñ känt oṅkälmās[42]
Zauberkreis-zu nahe führten-ihn. Das-eben fünf hundert Elefanten
päñ känt ykas[43] *päñ kät kos*[44] *nŭnak maṇḍl-ac*
fünf hundert Pferde fünf hundert Rinder nunmehr Zauberkreis-an
kātse wāwor-äṣ[45] *asläntw-ac*[46] *śarkrä-m*[47]. *tmä-k* - - - *rapeyäntu*[48]
nahe Geführtes-von Pfosten-an banden-sie. Das eben Musik
yasi[49] *osānt. tm-äṣ prāmnāñ Priyadatteṃ maṅkal-ṣinās*
machen begannen. Das-von Brahmanen Priyadatta glückhafte
wräntu-yo[50] *yāyrur-äṣ*[51] *maṇḍl-aṃ ywärck-ā wāwor-äṣ*
Wassern-mit Geläutertes-von Zauberkreis-in Mitte-bei Geführtes-von
cami sepal-yo talke yasi ārwār tākar[52].
dessen Fett-mit Opferung machen bereit waren.

Freie Übersetzung: Der Haushalter sagte zu seiner Frau: „Edle! Sei doch nicht so traurig wegen deines lieben Sohnes Priyadatta! Nicht alles geht doch nach dem Traum! Vielmehr ist unser Sohn sehr glückhaft(?), indem er das sichtbare Merkmal der in früheren Geburten erworbenen guten Verdienste an sich trägt. Gewiss schützen ihn die Götter, und er wird nicht in Not kommen." Dadurch wichen bald Leid und Zweifel aus ihrem Herzen. Nach Verlauf einiger Tage gingen die Brahmanenknaben, die dem Priyadatta gefolgt waren, zu der Stadt Sāketa und meldeten Priyadattas Festnahme und Führung vor den König Prasenajit seinen Eltern ausführlich. Als die Eltern Priyadattas das hörten, verloren sie über diesem Schmerz die Besinnung. Verwirrt erlangten sie (noch keineswegs) die Besinnung wieder. Weinend hoben sie eine Klage an, sammelten sogleich ihre Familie, verliessen zusammen mit noch vielen anderen Personen die Stadt Sāketa und machten sich auf den Weg nach Śrāvastī ..... (und) streitend traten sie in den Kausala-Wald ein, vermochten aber nicht im geringsten, durch ihn hindurch zu kommen. Sie dachten: „Ob wir wohl in die Stadt Śrāvastī hineinkommen? Gewiss bringt uns doch (dieser Weg?) . .:. . Gefahr!" Darum kamen sie nicht durch den Kausala-Wald hindurch. Als der Zauberkreis vor der Stadt Śrāvastī von den vorzeichenkundigen Brahmanen fertiggestellt war, führten sie sogleich .... den Knaben an den Zauberkreis heran. Ebenso führten sie noch fünfhundert Elefanten, fünfhundert Pferde und fünfhundert Rinder an den Zauberkreis heran und banden sie an die Pfosten. Sogleich begannen.... Musik zu machen. Darauf läuterten die Brahmanen den P. mit glückbringenden Wassern, führten ihn mitten in den Kreis hinein und bereiteten seine Opferung mit Fett vor.

Grammatische Anmerkungen: 1) Part. Prät. zu Wz. *läm-* „sitzen", für die im Präsensstamm suppletiv Wz. *ṣäm-* eintritt. 2) Allativ zu N. *śäṃ*. 3) Prät. neben suppl. Präs.-Wz. *träṅk-*. 4) Fem. Movierung zu *klyom* (eigtl. „ruhmvoll") als Wiedergabe von skt. *ārya-*. 5) N. Sg. f. zu *klopantsu*, Adjektivbild. zu *klopant*, Pl. zu *klop* „Leid". 6) Nach der Prohibitivpartikel *mar* (gewöhnliche Negation *mā*) steht das Präs. im Sinn eines Inhibitivs. 7) Pl. zu *wram*. 8) Perlativ zu N. *ṣpäṃ*. 9) *-ṣinās* Obl. Pl. f. zu dem adjektivbildenden Suffix N. Sg. m. *-ṣi*; hier tritt dies Suffix an *cmolwā-*, Pluralstamm zu *cmol*. 10) G. Pl. zu *pñi*, entlehnt aus skt. *puṇya-*. 11) Part. Präs. Akt. zu Wz. *pär-*. 12) Obl. Sg.m. zu *sä-m* „der". 13) N.Pl. zu *ñkät*. 14) 3.Pl. Präs. Med. mit suffigiertem Personalpron. *-ṃ* für die 3.Sg. 15) *kumnäṣ* < *kum-näṣ-äṣ, ein mittels Suffix *-näs-* gebildetes Präs. zu Wz. *kum-*. 16) Abl. Sg. zu *pältsäk*. 17) Lok. zu Verb. -Abstr. II *wikālune* zu Wz. *wik-* „schwinden". 18) Suppl. Prät. *kälk* + Pron. suff. der 3.Sg. (Präsensst. *i-* „gehen"). 19) G.Pl. zu N.Sg. *koṃ*. 20) Verb.-Abstr. II zu Wz. *kätk-* „überschreiten". 21) N.Pl.m. zu *sä-m*. 22) N.Pl.m. des Part. Prät. *kälko*, suppl. zu Wz. *i-*. 23) 3.Pl. Ipf. zu Wz. *i-*. 24) All.Sg. zu *länt*, Obl. zu N.Sg. *wäl*. 25) Verb.-Abstr. II zu Wz. *wā-*, suppl. neben Präsensst. *āk-* „führen". 26) Perl. mit verstärk. Partikel *-k* zu *puk* „all". 27) (Ipf. und) Prät. zu Wz. *āks-*. 28) Absolutiv zu Wz. *klyos-* „hören"; Das toch. Absolut. wird von der substantivierten Form des Part. Prät. mittels Ablativaffix *-äṣ* gebildet (*kaklyuṣu* „gehört", *kaklyuṣur* „das Gehörte"). 29) 3.Pl.Prät. Kaus. zu *tärk-* „entsenden". 30) 3.Pl.Prät. Med. zu Wz. *kälp-*. 31) Part. Präs. Med. 32) Kaum suppl. Prät. zu Präsensst. *pär-* „tragen", „bringen". 33) Obl.Pl. m. zu *ālak* „alius". 34) Komitativ Pl. zu N.Sg. *wrasom* „Lebewesen", N.Pl. *wrasañ*. 35) 3.Pl. Prät. Akt. zu Wz. *lä-n-t* „hinausgehen". 36) Inf. zu Wz. *i-* (1.Sg.Präs. *yäm* „ich gehe"). 37) *s*-Prät.Med. zu Wz. *o-* Akt. „treffen", Med. „beginnen". 38) 3.Pl.Prät. Akt. zu Wz. *tsälp-* „hinübergehen". 39) 3.Sg. Konj.Akt. *kläṣ* + Pron.suff. *-m* für alle drei Personen des Plurals, Wz. *käl-* „bringen". 40) Durch Anfügung der Relativpartikel *ne* wird ein Fragewort (*mänt* „wie?") zu dem entsprech. Relativum. 41) = *plyockäs* (*s*-Prät. zu Wz. *pluth-*?) + Pron. suff. Pl. 42) Obl. Pl. zu N.Sg. *oṅkaläm*. 43) Obl.Pl. zu *yuk*. 44) Obl.Pl. zu *ko*. 45) Absolut. zu Part. Prät. *wāwo* „geführt" (Wz. *wā-*, suppl. *āk-*). 46) Allat. Pl. zu N.Sg. *asäl, N.Pl. *asläntu*. 47) 3.Pl.Prät.Akt. *śarkär* + Pron. suff. Pl., Wz. *kärk-* „binden". 48) Pl. zu *rape* „Musik". 49) Inf. (korrekter *yatsi*) zum Präsensstamm *ya-* „machen". 50) Instr. Pl.

zu *wär* „Wasser", Pl. *wräntu*. 51) Absolut. zu Wz. *yär-* „läutern". 52) 3.Pl.Prät. zu Wz. *täk-*, Suppl. zum Präsensstamm *nas-* „sein".

Versuch einer Übertragung der ersten Sätze in das Westtocharische: osta-ṣmeñca (Part.Präs. statt Part. Prät. *lmau* = A *lmo*) ṣañ śano-śc weña: klyomña mā tot Priyadatti larepi seyi (Gen.) ṣarm-tsa (Perlat. statt Abl.) läklessuntsa mäsketar. po wäntarwa ṣpane postäṃ mā mäskentär.

B. Westtocharisch (B 81)

Der von dem über alle Massen freigebigen König Araṇemi auf das dringende Ersuchen seiner Minister entlassene Hofbrahmane Rudramukha leitet in der Verbannung eine Brahmanenschule und will sich an dem König rächen.

1. ... *piś uweṃ*[1] *akalṣälyeṃ-ścä makā-yäkne papautar-meṃ*[2] *weṣäṃn-me-śc*[3]: 2. *sa̮ sūśkaṃ!*[4] *nesäṃ ksa ñī yesä-śc añma-ṣṣe*[5] *reki.*- 3. *Kapilavarṇe brāhmaṇe weṣṣäṃ: spantai käṣṣi weṃ!*[6]- 4. *Rudramukhe brāhmaṇe weṣṣäṃ: niṣkramāṃ-ne walo aknätsa su märsau ṣañ āñm atsaik ñem Araṇemi yāmṣate*[7] *ñiśś erkatte, lyautsa-ñ*[8] *päst ṣañ ypoy-meṃ wertsaints' enepre.*[9] 5. *srukor aiśaumyepi*[10] *olypo ritoytar*[11] *päst mā kwīpe rmoytär:*[12] 6. *su te ñem walo yāmṣate ñīśś erkatte. mäkte ṣ te-ṃ kelu?*- 7. *akalṣälyi weskeṃ: upādhyāya!*[13] *ku̮se*[14] *wesäñ*[15] *tanne-ṃ yamaṣälle?*- 8. *brāhmaṇe weṣṣäṃ: tusāk-sa*[16] *nai yes ñī yaitkor-sa*[17] *p-cīso!*[18] 9. *Araṇemiñ lānte Uttare ñem-tsa soṃśke ste*[19], *ṣañ śaula-meṃ snai wāki*[20] *larauñe-sa.* 10. *sū no walo pañäk-täṃñe*[21] *perne-ṣṣe akālk-sa po aiṣṣeñca*[22]. *nemcek cau Uttareṃ mñcuṣkeṃ yesäṃññ aiṣṣäṃ.* 11. *cwī*[23] *lkāllona*[24] *läklenta ñiś Uttari mñcuṣkentse lkātsi āyu*[25]. 12. *kru̮i yes ñī ce akālk kanaścer, ot ṅke ñśa-meṃ*[26] *śastar-ṣṣe yäkne-sa pruccamñe yanmacer!* - 13. *brāhmaṇi weskeṃ: mäkte watkäṣṣäṃ upādhyāye!- lateṃ*[27] *brāhmaṇi.* -

14. *tu-meṃ cai brāhmaṇi tot ike postäṃ ynemane*[28] *Araṇemiñ lānte yapoy-ne kameṃ*[29]. 15. *tā*[30] *rri-ne yaipor-meṃ*[31] *ālyauce-ś weskeṃ:* 16. *bho bho! ku̮se pi ksa wesäñ kekamor orocce*[32] *lānt śarsäṣṣi?*[33] - 17. *tane plak-tukäñña brāhmaṇeṃ lyelyakor-meṃ*[34] *kercīyen-ne yopsa śle yärke lāntaś weṣṣäṃ:* 18. *ñakta!*[35] *alyek ypoy-ṣi brāhmaṇi parna klyenträ*[36], *säsweṃ lkātsi ñäskenträ.*- 19. *walo weṣṣäṃ: ramer ecce p-wāyar-me*[37]! *kärtse yamiñ cai ñi!*-

20. *tane brāhmaṇi kerciyeṃ-ne yaipor-meṃ poñc ṣar kos*[38] *ceccalor-sa*[39] *ka lānte yarke yamaskeṃ.* 21. *tane Araṇemi walo brāhmaṇeṃ wratsai tsäṅkor-meṃ käṣṣīññe yäkne-sa asān-ne lyāmate-me*[40].

Übersetzung: 1. ... (und) den fünf geschicktesten Schülern auf mannigfache Weise geschmeichelt habend, spricht (Rudramukha) zu ihnen: 2. „Ihr Kinderchen! Ich habe ein gewisses persönliches Wort für euch." 3. Der Brahmane K. spricht: „Der Lehrer rede nur getrost!" 4. Der

Brahmane R. spricht: (Im Metrum niṣkramāṇa) „Ein unwissender König, der sogar sein eignes Selbst vergessen hat, namens A. hat mich schlecht behandelt und mich aus seinem Lande vertrieben vor dem Gefolge. 5. Der Tod könnte von einem Weisen eher erstrebt werden, als dass er sich der Schande beugte! 6. Der so benannte König hat mich schlecht behandelt, und wie soll ich so etwas ertragen?" 7. Die Schüler sprechen: „Meister! Was ist von uns hierbei zu tun?" 8. Der Brahmane spricht: „Eben darum geht nur auf meinen Befehl! 9. Der König A. hat ein Söhnchen namens Uttara, an Liebe genau wie sein eigenes Leben. 10. Der König nun im Wunsch nach der Buddhawürde (ist) ein alles Gebender: Gewiss gibt er euch den Prinzen U.! 11. Die von ihm zu sehenden Leiden will ich dem Prinzen U. zu sehen geben. 12. Wenn ihr mir diesen Wunsch erfüllt, dann werdet ihr doch von mir nach Art eines Lehrers Auszeichnung erlangen." 13. Die Brahmanen sprechen: „Wie der Meister befiehlt!"- Die Brahmanen gingen fort.

14. Darauf kamen die Brahmanen, von Ort zu Ort fürbass gehend, in das Reich des Königs A. 15. In diese Stadt eingetreten, sprechen sie zu einander: 16. „Ach, wer könnte denn wohl unser Kommen dem grossen König melden?" 17. Da trat die Türhüterin, die Brahmanen erblickt habend, in den Palast ein und spricht mit Verehrung zum König: 18. „O Majestät! Ausländische Brahmanen stehen draussen und verlangen, den Herrn zu sehen." 19. Der König spricht: „Schnell führe sie herein! Wohltäter sind sie mir!"

20. Darauf die Brahmanen, in den Palast eingetreten, erweisen alle dem König nur durch Emporheben der Hand Verehrung. 21. Darauf der König A., sich den Brahmanen entgegen erhoben habend, liess sie nach Lehrer-Art auf dem Throne Platz nehmen.

Grammatische Anmerkungen: 1) Obl.Pl.m. „geschickte", hier mit superlativischer Bedeutung (vgl. oben S. 19). 2) Absolutiv, mittels des Ablativaffixes *-meṃ* von dem substantivierten Part. Prät. *papautar* zu Wz. *paut-* gebildet. 3) 3.Sg.Präs. + Pron. suff. Pl. + Allativaffix *-śc*. 4) N.Pl., Deminutivbildung zu *sâsuwa* „Kinder". 5) Adj. zu *āñme*, Obl. *āñm* „das Selbst" (= skt. *ātman*). 6) 3.Sg.Konj. (im Sinn eines Jussivs) zu *weskau* „ich spreche". 7) Nebenform zu *yamaṣṣate*, *ṣṣ*-Prät. zu Wz. *yām-* (*yamaskau* „ich mache"). 8) 3.Sg.Prät.Akt. + Pron. suff. der 1.Sg., Präs. *lyutaskau* „ich vertreibe". 9) = *wertsaintse enepre*: N.Sg. *wertsya*; der Genetiv von der Postposition *enepre* [A *anapär*] abhängig. 10) Gen.Sg. zu *aiśaumye* „Weiser". 11) Inkorrekt für *ritoytär*, 3.Sg. Opt. Med. zu Wz. *rit-* „suchen". 12) Opt. zu Wz. *rām-*. 13) Vok. zu *upādhyāye*, Lehnwort aus dem Sanskrit. 14) *k̂ᵤse* „wer", „was", N.Sg. und Pl. aller Genera. 15) Gen. zu *wes* „wir". 16) Zusammengesetzt aus *tu* „das" + Perlativaffix *-sa* + verstärkendem *-k* + wiederholtem Perlativaffix. 17) *yaitkor*, substantiv. Part. Prät. (*yaitku*) mit Erweichung von *w* > *y* zu Wz. *wätk-* „befehlen". 18) Unregelmässiger Ipv. zu Wz. *i-* „gehen"; allen Imperativformen wird gewöhnlich ein Präfix *p-* vorgesetzt. 19) Wörtlich „Dem König A. ist ein Söhnchen namens U.". 20) Wörtlich „ohne Unterschied". 21) Adjektivbildung zu *pañäkte* „Buddhagott". 22) Part. Präs. Akt. zu *aiskau* „ich gebe". 23) Gen. Sg.m. zu *su* „der". 24) Ger. II Pl. f. zu Wz. *läk-* „sehen".- Inf. *lkätsi*. 25) 1.Sg. Konj.Akt. zu Wz. *ai-*. 26) Abl. zu *ñäś* (*ñiś*) „ich", „mich". 27) 3.Pl. Prät.Akt. zu Wz. *lä-n-t-* „hinausgehen". 28) Part. Präs.Med. zu Wz. *i-* (*yam* „ich gehe"). 29) 3.Pl.Prät. zu Wz. *käm-* (*känmaskau* „ich komme").

30) Obl. Sg.f. zu N.Sg.m. *se* „dieser". 31) Absolut. zu Wz. *yäp-* „eintreten" 32) Obl.Sg.m. zu *orotstse* (neben *wrotstse*) „gross". 33) 3.Sg.Opt. (und Ipf.) Akt. Kaus. zu Wz. *kärs-* „wissen": *kärsanau* „ich weiss", *śarsäskau* „ich lasse wissen". 34) Absolut. zu Wz. *läk-*. 35) Vok. zu *ñakte* [A *ñkät*] „Gott", auch als Anrede an die Majestät. 36) 3.Pl.Präs.Med. zu Wz. *käly-* „stehen". 37) 2.Sg.Ipv. Med. + Pron. suff. Pl. zu Wz. *wä(y)-*, suppl. *āk-* „führen". 38) Inkorrekt für *kauc* „empor". 39) *ceccalor* „das Erheben", substantiv. Part. Prät. Kaus. zu Wz. *täl-*. 40) 3.Sg.Prät. Med. Kaus. + Pron. suff. Pl. zu Wz. *läm-*, Präs. suppl. *ṣamäṃ* „sitzt".